自民党の消滅

THE END OF LIBERAL DEMOCRATIC PARTY

三橋貴明 TAKAAKI MITSUHASHI

KKベストセラーズ

自民党の消滅［目次］

第一章 亡国の政党

第二章 個人の権利と民主制

第三章 共同体と民主制

第四章 民主制と国家

第五章
自民党の消滅

第一章

亡国の政党

「人民が減り、衰微してゆく政府が最悪の政府である」
ジャン＝ジャック・ルソー『社会契約論』

一つ目の衝撃

令和に御代変わりし、一年も経過していない２０２０年初頭、二つの衝撃が日本国を襲いました。私個人としては、２０１６年の熊本地震のごとく、二度、立て続けに震度７級の大地震が発生した印象を覚えたものです。

一つ目の衝撃。経済成長率の大幅マイナス発表と、その後の日本政府の「嘘」。事の発端は、２０１９年10月の消費税率10％への引き上げです。

現在の日本は、１９９７年の一度目の消費税増税以降、経済が「デフレーション」に陥っています。デフレーションとは、要するに人々や企業、政府などの「おカネを使う」経済行為が減少してしまう現象です。

私たちが働き、稼ぐ給料は、誰かが財（製品）やサービスを買ってくれているからこそ生まれます。いかなる企業であっても、従業員が働いて生産した財やサービスに「顧客」つまりは「買い手」がいなければ、売上や利益を上げることはできません。ということは、従業員への給料も支払えなくなります。

我々の給料、専門的な言い方をすると「所得」になりますが、我々が日常生活を送るために必要不可欠な所得は、他の誰かが支出し、財やサービスを買ってくれないことには生まれません。誰もが節約し、おカネを貯めこみ、支出をしない場合、全員の所得が「ゼロ」になります。デフレーションや経済については後述しますが、とりあえず、

「デフレーションが継続し、全体的な支出が減っている状況で、人々におカネを使わせない増税を強行する」

ことが、どれほど愚かなことか。小学生でも理解できると思います。

ちなみに、税金には「政策的な目的」があります。税金は英語で「ＴＡＸ」ですが、ＴＡＸには「重い負担」という意味もあるのです。特定の経済行為に対する「負担」を変動させることで、人々の活動をコントロールすることも、税金の役割の一つです。

例えば、たばこ税は、人々のたばこの購入に際し「重い負担」をかけ、たばこを吸う本数を減らすことが政策目的です。あるいは、昨今、議論が始まっている炭素税は、企業に「二酸化炭素を出させない」ことを目的としています。環境を維持するために、企業の二酸化炭素排出を抑えたいわけです。

それでは、消費税は？

消費税の政策目的は、実は「消費という支出に重い負担をかけ、全体の消費額、消費量を減らすこと」なのです。必然、消費税増税は、消費の際に人々が背負う重しを増やすことになります。

人々がおカネを使わないデフレーションの状況で、日本政府は1997年、2014年、そして2019年と、重しを三度も増やした。当然ながら、消費税が増税されるたびに、日本国民は消費を減らしました。さらには、日本政府は自らの支出も切り詰め、デフレーションを深刻化させていきます。

「日本は放漫財政で、社会保障を維持するために消費税を増税するしかない。国の借金を増やすことは、将来世代へのツケの先送りだ」

と、マスコミが散布したプロパガンダに騙されている読者の方は少なくないでしょう。

まずは、事実を知ってください。

図1—1（**P．9参照**）は、主要先進国（G7諸国）が2001年以降、2018年までに政府支出（※政府の消費と投資の総計）を「何倍」にしたのかをグラフ化したものです。アメリカ、イギリス、カナダが2倍前後、ドイツ、フランス、イタリアが1・5倍前後。対する我が国は1・08倍。

実は、日本は先進国において、最も政府支出を「増やしていない」国なのです。この図を見

図1-1｜主要先進国の政府支出（自国通貨建て）の推移（2001年＝1）

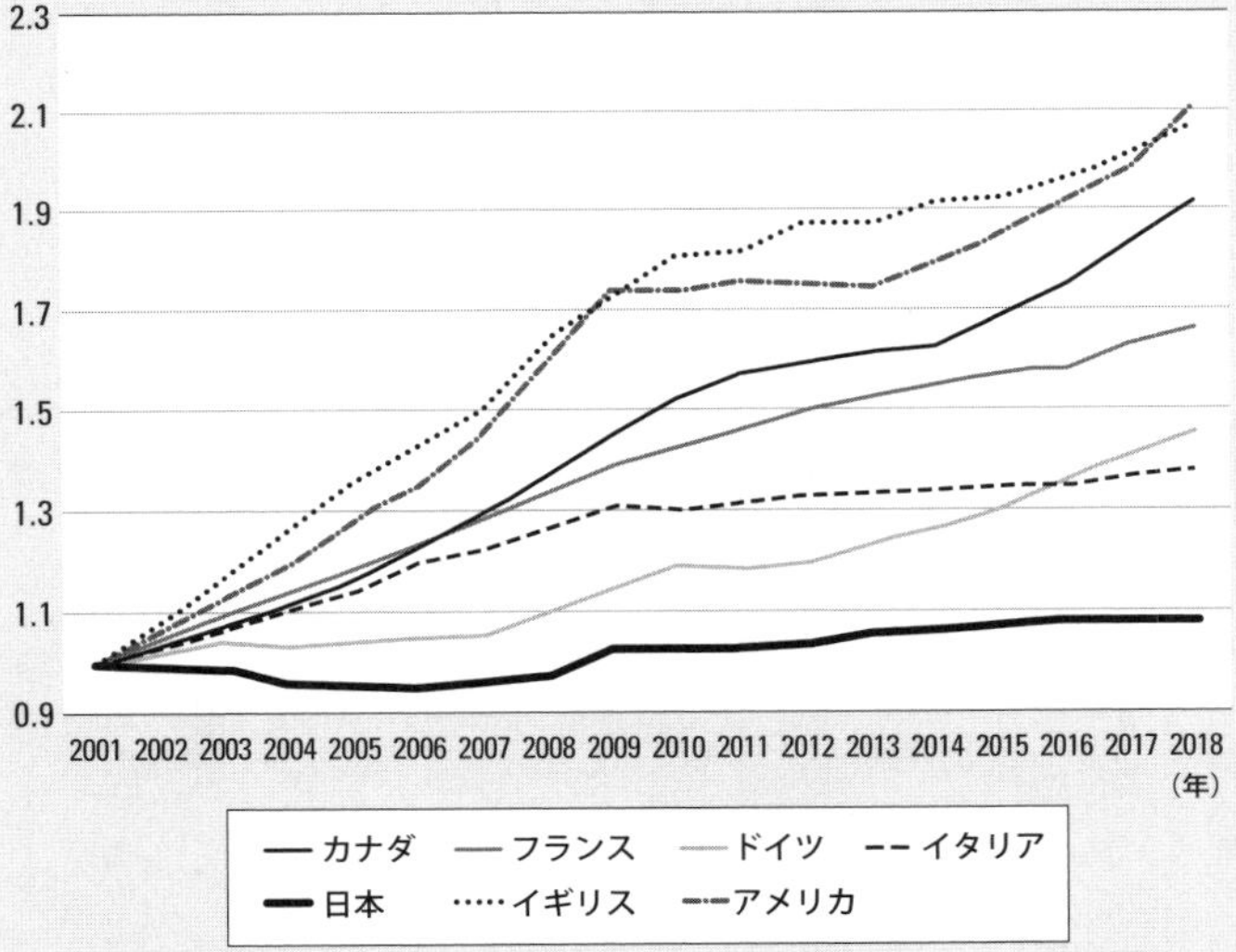

出典：IMF

てなお「日本は放漫財政」と主張するならば、他の国々はどうなってしまうのでしょうか。

ちなみに、いわゆる新興経済諸国を見てみますと、2018年の政府支出は対2001年比でブラジルが5・46倍、インドが7・95倍、ロシアが11・2倍、そして中国は15・66倍。新興経済諸国も、先進国も、21世紀に入って以降の政府支出を大きく増やしている。そして、我国だけが1倍、つまりは、ほとんど増やしていない。

日本は本当に「放漫財政」なのでしょうか。

「いや、日本政府が支出を増やさないのは、国の借金が激増している以上、当然だ」と、反発したくなった方が少なくないでしょう。

ちなみに、「国の借金」という呼び方は、財務省が編み出したプロパガンダ用語です。正しくは「政府の負債」と呼びます（日銀統計などでは、普通に「政府の負債」となっています）。それでは、政府の負債について、G7諸国の2001年以降の状況を見てみましょう。

図1―2（P.11参照）の通り、21世紀に入って以降の日本政府の負債の増加ペースは、イギリスやアメリカよりもはるかに小さく、フランスと同程度です。日本は本当に、「放漫財政で〝国の借金〟を増やしまくっている国」なのでしょうか。もちろん、違います。

図1-2｜主要先進国の政府の負債(自国通貨建て)の推移(2001年=1)

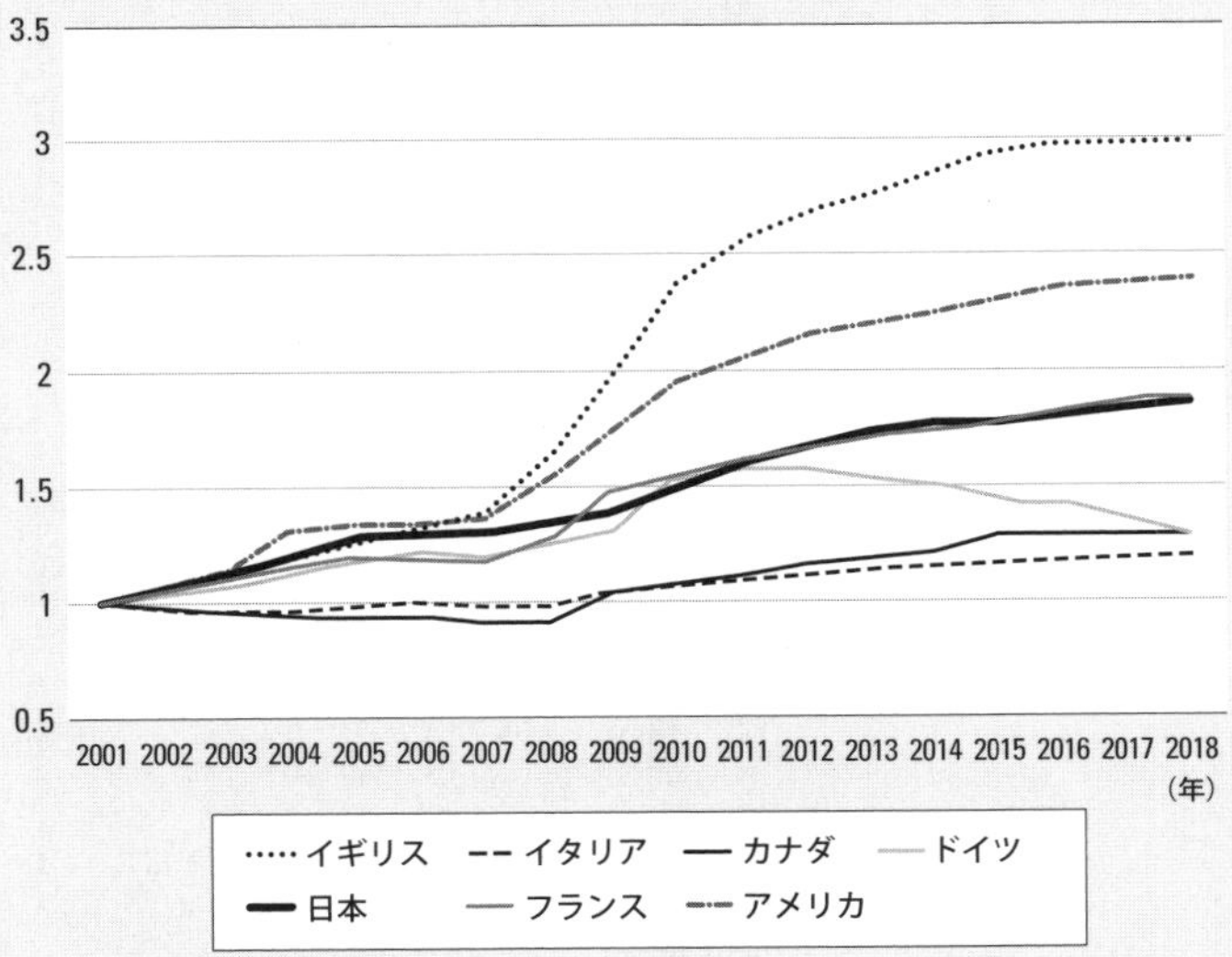

出典:IMF

むしろ話は逆で、日本は世界最悪クラスの「緊縮財政の国」なのでございます。緊縮財政とは、増税で国民の所得を搾り取り、政府の支出を抑制する、いわば各種の「カネ回りを悪くする節約政策」の総称です。

緊縮財政至上主義の下で、日本政府は支出を抑制し、たび重なる消費税増税で国民の消費における「重し」を増やし、支出が国全体で増えない、あるいは増やさない政策が継続。デフレーションという「人々の支出が減る」という問題を抱えている国が、ひたすら緊縮財政。日本のデフレーションが、人類史上空前の長さで続いているのは、至極、当然なのでございます。

日本がデフレに突入したのは、1997年の橋本龍太郎政権による消費税増税、公共投資削減といった一連の緊縮財政がきっかけです。つまりは、自民党政権が日本経済をデフレ化させたのです。

デフレーションについて、

「デフレーションは、物価が下がる現象」

と理解している人が多いでしょうが、浅すぎます。

無論、デフレ期には物価が下がります。とはいえ、単純に物価が下がるだけならば、給料が一定水準を維持しているか、あるいは上昇している場合、

「働いて稼ぐ給料で、買える財やサービスの量が増える」

ということになり、国民は豊かになります。

ところが、デフレ期には確かに物価も下がるのですが、それ以上のペースで給料が減ってしまうのです。物価の影響を排除した賃金を「実質賃金」と呼びます。実質賃金が上昇しているということは、

「働いて稼ぐ給料で、買える財やサービスの量が増える」

であり、実質賃金下落が、

「働いて稼ぐ給料で、買える財やサービスの量が減る」

になります。お分かりでしょうが、「豊かになる」とは実質賃金の上昇を意味します。逆に、実質賃金の低下は「貧困化」です。


図1―3（P.15参照）の通り、日本の実質賃金は橋本政権が緊縮財政を強行し、日本経済をデフレに叩き込んだ１９９７年をピークに、中期的に下落していきました。我々の実質賃金は、１９９７年から２０１９年にかけ、約13％も落ち込んでしまったのです。

デフレ期の実質賃金の低下は、

「物価上昇に、給料の伸びが追い付かない」

ではなく、

「物価は下落しているにもかかわらず、それ以上のペースで給料が落ち込む」

ことが原因です。

実質賃金が下がった日本国民は、消費や投資という支出を減らす。となると、政府は当然ながら自らの支出を拡大し、減税政策で国民の支出意欲を高めなければなりません。ところが、97年以降の日本政府は、自民党も民主党も、共に緊縮財政を推進しました。結果、日本のデフレーションは何と22年も解消されず、国民の貧困化が続きます。これほどまでに長期にわたり、国民貧困化が続いた国は、内戦や革命が起こっていない限り、我が国が間違いなく人類史上初めてです。

普通に考えて、ここまでに国民を貧困化させた以上、政策の転換（ピボット）が行われなければなりません。ところが、現実にはひたすら我々を貧しくする政策が続けられた。興味深いことに、自民党から民主党、民主党から自民党へと「政権交代」が起きた場合であっても、一貫して緊縮路線が続き、日本の経済成長率は「世界最低」で推移します。

経済成長とは、ＧＤＰ（国内総生産）が増えることです。ＧＤＰには、実は三つの意味があるのですが、ここでは特定の国で働く国民の「所得（≒給与）」の合計と理解してください。経済成長率が低迷しているとは、日本国内で働く我々の所得が伸び悩んでいるという意味です（実質賃金が下落し続けている以上、当たり前なのですが）。

図1-3｜日本の実質賃金の推移（2015年＝100）

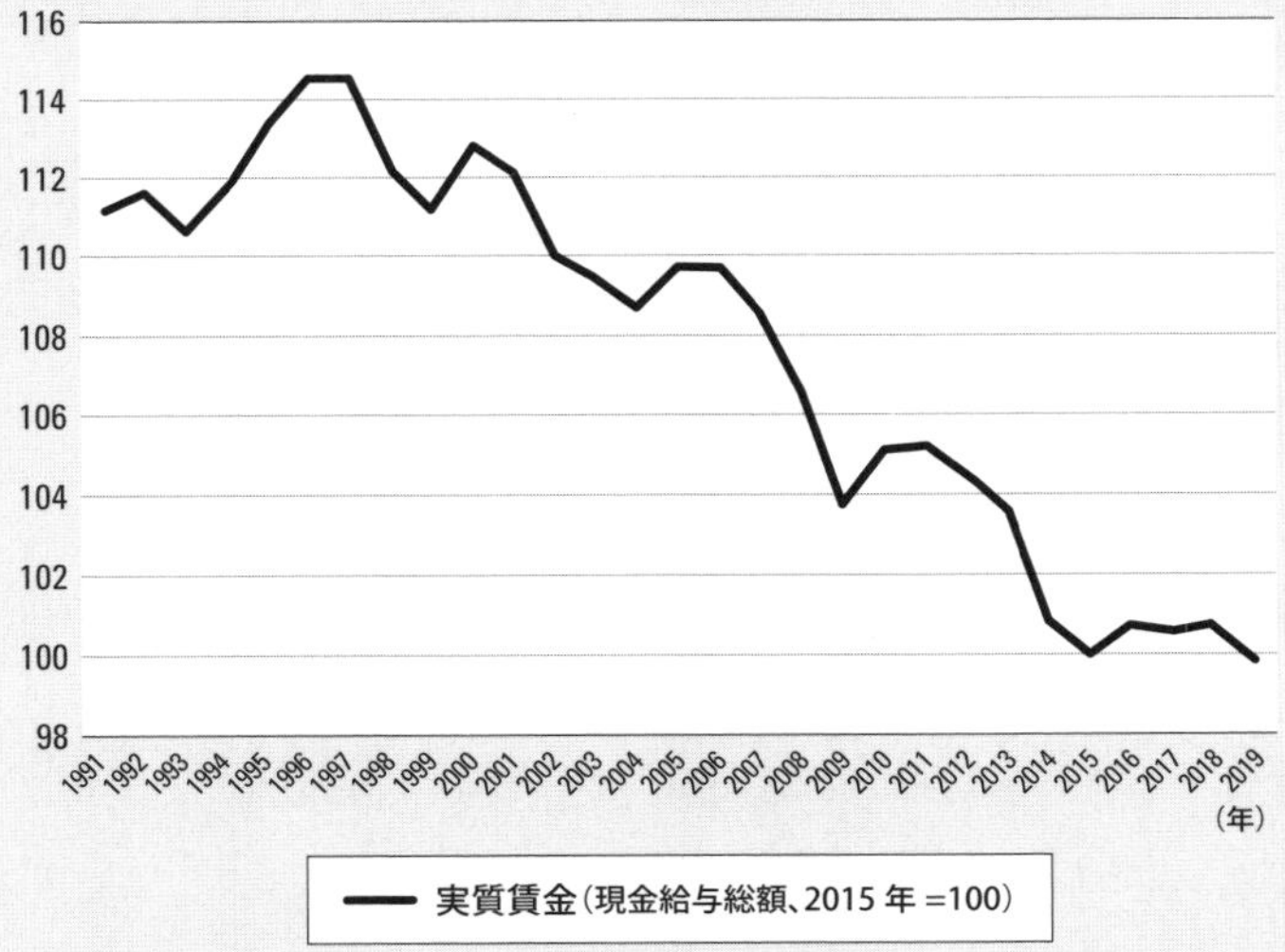

出典：統計局

安倍総理大臣（2020年4月現在）は、2009年から12年に政権を担当した民主党について、「悪夢のような民主党政権」と、表現しました（2019年2月10日・自民党党大会にて）。

ところが、実は国民の豊かさの指標である実質賃金は、2012年末の第二次安倍政権発足以降、むしろ下落が加速しました。さらに、国民経済全体の状況を見ても、経済成長率の年平均は、民主党政権期（9年—12年）が1・87％。それに対し、安倍政権下の七年間（13年—19年）は、年平均で1・04％です。

そして、2019年10月の消費税増税以降、状況はさらに悪化。冒頭に記した通り、2020年初頭に「大激震」級の衝撃が、日本国に襲いかかってきました。

2020年2月17日、内閣府が19年10—12月期の経済成長率を発表。壮絶、としか表現のしようがない結果に終わります。

経済成長率が、年率換算で何と▲6・3％（対前期比▲1・6％）。

年率換算▲6・3％のマイナス成長とは、前回の増税時（14年4—6月期）の▲7・4％以来の落ち込みになります。19年10—12月期の経済成長率について、多くのエコノミストが年率換算▲4％前後を予想していたのですが、現実ははるかに悲惨でした。

GDPには国内の所得の合計に加え、「支出の合計」という意味があります（さらに「生産の合計」という意味もあります)。GDPを「支出面」で見ると、我々の所得が「いかなる支出」により成り立っているのかが分かります。

19年10―12月期の経済成長率の中身を見ると、民間最終消費支出(個人消費)が年率換算で▲11%(対前期比▲2・9%)。民間住宅が同▲10・4%(対前期比▲2・7%)。民間企業設備が同▲14・1%(対前期比▲3・7%)と、民需が壊滅状態に陥っています。個人消費、住宅投資、設備投資、全てが年率換算で二けた減。民間の「支出」は全滅です。さらに、同四半期の経済成長率は、3月9日に発表となった改定値で同▲7・1%(対前期比▲1・8%)に下方修正されました。

まさに、「アベ・ショック」と呼ぶべき危機が始まったのです。

もっとも、2019年10―12月期の民需が悲惨な状況になっているのは、成長率の発表以前から分かっていた話ではありません。景気の改善や悪化を見る景気動向指数CI(一致指数)は、19年9月から12月にかけ、6%近くも下落していました。同じく19年10―12月期の鉱工業生産は▲4%。

生産が大きく落ち込んだのは、当たり前ですが需要縮小の影響です。金額ではなく「量」で見た実質消費の動向を見ると、19年10月が対前年比▲4%、11月が同▲1・4%、12月が同▲3・3%と、三か月連続でマイナスに陥っているのです。国民が消費できなくなり、当たり前の話として生産が急激に収縮しました。

消費が大きく落ち込んだ結果、生産が減り、経済成長率が前回の増税以来の大幅なマイナス成長になったのです。つまりは、消費税増税が原因です。

経済成長率のマイナスについて、過去のデータを振り返ると、リーマン・ショック期の2008年7—9月期、10—12月期、09年1—3月期が、対前期比▲1・3%、▲2・4%、▲4・8%と、3四半期連続のマイナス成長となっています。とはいえ、さすがにリーマン・ショック期のマイナス成長を「日本政府の責任」とするのは、無理があります。

もちろん、リーマン・ショック前に内需を強化し、少々の外需縮小があったとしてもプラス成長を維持できるように、経済の体質を強化しておく必要はありました。リーマン・ショック前、日本経済はアメリカの不動産バブルを中心とする外需への依存度を高めており、結果的に「外国からのショック」により国内経済が大きな打撃を受けたのです。とはいえ、リーマン・ショック自体は別に日本政府が引き起こしたわけではありません。

それに対し、19年10—12月期の大幅なマイナス成長は、100%、日本政府の責任です。しかも、14年4月に増税し、経済成長率をマイナスに叩き落し、その反省もないまま19年10月に再増税。安倍政権は、もはや言い訳はできません。現在進行形で続いている経済ショックは「アべ・ショック」でもあるのです。

また、**図1―4（P.21参照）**で注目してほしいのですが、19年10―12月期は、実質GDPの成長率に加え、名目GDPまでもがマイナスになってしまっています。支出を例にとり説明しますと、実質GDPは「消費や投資として支出され、購入された財やサービスの量」であり、名目GDPは「消費や投資として支出された金額」です。

14年4―6月期を見ると、実質GDPは対前期比▲1・9％と、19年10―12月期よりも悪化しています。とはいえ、名目GDPは±0％と、マイナスにならなかったのです。

14年増税時に何が起きていたのかといえば、我々日本国民は消費に対する罰金を増やされてなお、財やサービスの購入に支出した金額は変わらなかったのです。もっとも、何しろ消費税増税とは物価の強制的な引き上げです。我々が使った金額は変わらない。とはいえ、財やサービスの物価は上がった。当然ながら、我々が購入した財やサービスの「量」は激減。つまりは、実質GDPが大幅なマイナス成長になりました。

もっとも、14年増税時は、我々日本国民は、少なくとも支出したおカネの金額は維持したのです。ところが、19年増税時は、名目GDPまでもがマイナスになった。つまりは、使ったおカネの金額までもが減ってしまったのです。実質賃金の長期低迷を受け、日本国民の購買力が著しく縮小していっていることが理解できます。

恐ろしいことに、この悲惨な成長率の発表を受け、安倍総理大臣は、
「経済対策の効果もあり基調として緩やかな回復が続く」（20年2月17日・国会答弁）
と発言。さらに、麻生財務大臣は、
「前回（の消費税率）引き上げ時と比較すると小さい。内需のファンダメンタルズはそこそこだ」（20年2月18日　閣議後会見）
と、総理と財務相の二人が堂々と「嘘」を重ね、消費税増税という失策を否定したのです。経済成長率のマイナスよりも、むしろ両政治家の発言の方が衝撃的でした。

しかも「基調」「緩やかな」「内需のファンダメンタルズ」「そこそこ」といった、抽象的な用語を多用しています。この手の抽象的な用語を使う政治家は、基本的にはプロパガンダを展開していると理解して構いません。つまりは、嘘つきです。

さらに驚いたというか、絶句してしまったのは、20年2月20日に公表した「月例経済報告」において、日本政府が、
「景気は、輸出が弱含むなかで、製造業を中心に弱さが一段と増した状態が続いているものの、緩やかに回復している」
と「報告」したことです。凄いのは、個人消費（GDPの民間最終消費出）について「持ち直

図1-4｜日本の経済成長率（対前期比％）※速報値段階

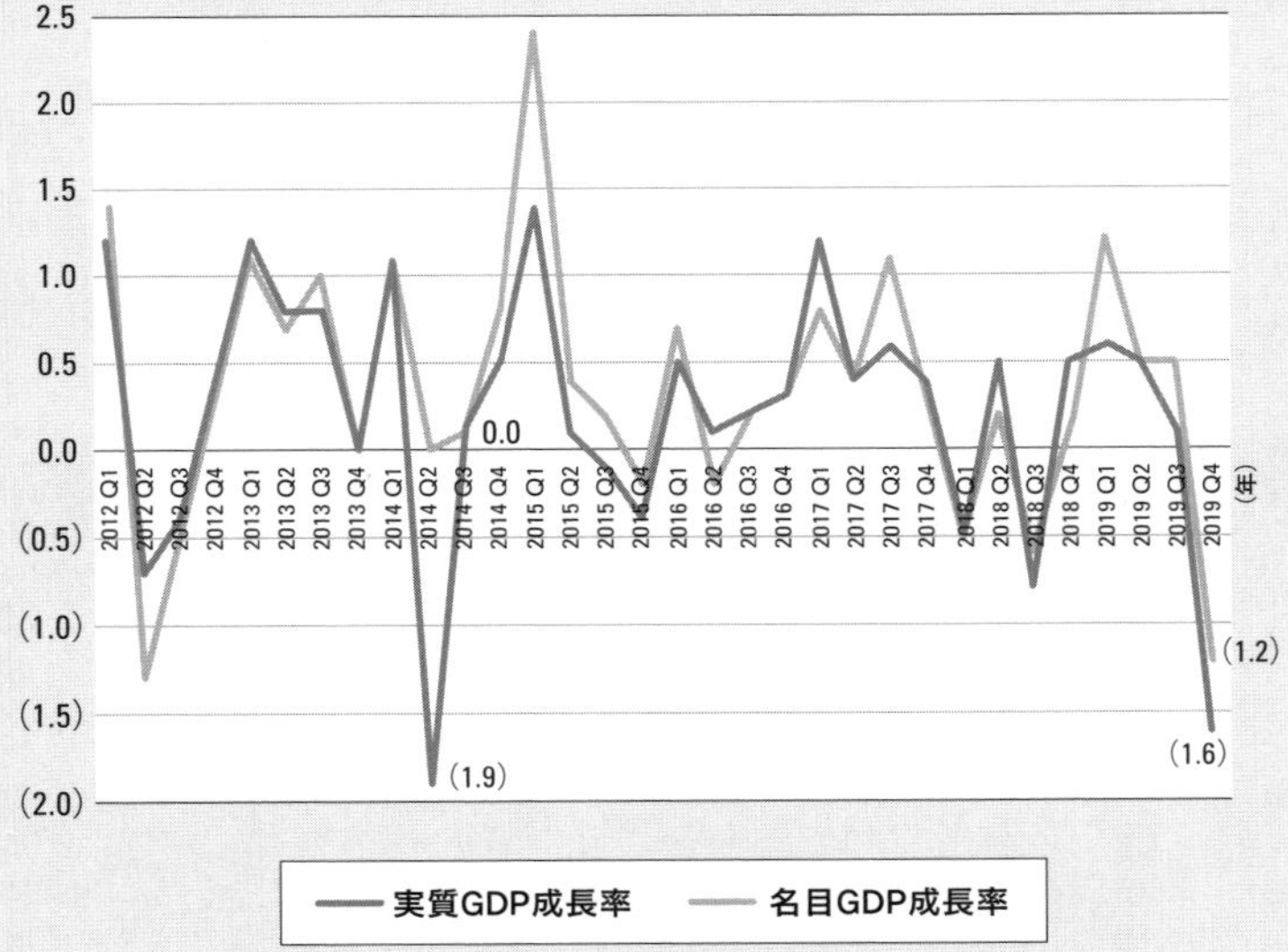

出典：内閣府

している」、設備投資（同、民間企業設備）について「緩やかな増加傾向にあるものの、一部に弱さがみられる」と堂々と書いています。

結局、19年10－12月期の民間最終消費支出は、改定値の年率換算で▲10・7％、民間企業設備が、同▲17・2％と、凄まじい落ち込みになりました。それにもかかわらず、「持ち直している」「緩やかな増加傾向にある」と書く。

ここまで平気で「嘘」をつくのです、現在の安倍政権は。なぜ、安倍政権は露骨な「嘘」をつけるのか。あるいは、「嘘」をついても批判されることもなく、政権を維持できるのか。本書を最後までお読みになれば、ご理解いただけます。

二つ目の衝撃

さて、19年10月の消費増税により経済が急激に落ち込んでいるタイミングで、二つ目の衝撃が「外国」から到来しました。もちろん、中国武漢市や湖南省を発祥地とする、新型コロナウイルス感染症（以下、COVID－19）の襲来と、感染拡大です。

COVID－19の震源地となった武漢市の空港や駅から出る飛行機や列車を停止する措置が

取られたのは、2020年1月23日。1月26日には自動車の通行も止められ、武漢や湖北省は封鎖状態に突入しました。

そのタイミングで、

「今春、桜の咲く頃に、習近平国家主席が国賓として訪日される予定です。日本と中国は、アジアや世界の平和、安定、繁栄に共に大きな責任を有しています。習主席の訪日を、日中両国がその責任を果たしていくとの意思を明確に示す機会にしたいと思います。(中略)春節に際して、そしてまた、オリンピック・パラリンピック等の機会を通じて、更に多くの中国の皆様が訪日されることを楽しみにしています。その際、ぜひ東京以外の場所にも足を運び、その土地ならではの日本らしさを感じて頂ければ幸いです(後略)」

という「安倍晋三内閣総理大臣春節祝辞」が在中国日本大使館の公式ホームページに掲載されました。信じがたい話ですが、上記「祝辞」は1月30日まで削除されずに残っていたのです。

安倍政権は、日本国民の所得が実質値で下がっていくデフレーションを放置し、外国人観光客の訪日、いわゆる「インバウンド」を成長戦略の中心に置きました。本来、日本の観光業は圧倒的な多数派である「日本国民」の顧客を相手にビジネスを展開するべきなのです。ところが、長引くデフレで日本国民の観光サービスに対する消費が伸び悩む。

「ならば、外国人」

というわけで、安倍政権は中国人を始め、外国人に対する観光ビザを緩和し、膨大な外国人観光客を国内に呼び込み始めます。

特に、日本とは異なり経済成長を続け、人民（中国に「国民」はいません。後述します）の豊かさが増していった中国からの観光客が激増。

図1―5（P.25参照）の通り、2013年には約131万人だった訪日中国人の数は、2019年には約960万人に膨れ上がりました。中国人観光客が日本各地で商品を買いあさる「爆買い」も、話題になりました。

私は、日本の観光業が「外国の需要」に依存するインバウンドの拡大に、初期段階から警鐘を鳴らしていました。理由は主に三つあり、一つ目は外国依存を深めてしまうと、非常事態発生時、つまりは何らかの理由で外国人観光客が訪日しなくなった瞬間に、国内観光業が立ち行かなくなってしまうおそれがあったためです。特に、中国の場合は、中国共産党の政治的判断により、日本への観光旅行が「止められる」可能性もありました。外国の「政府」に国内の特定産業が依存することのリスクが、極めて高いことは誰にでも理解できるでしょう。

図1-5｜訪日中国人の推移（万人）

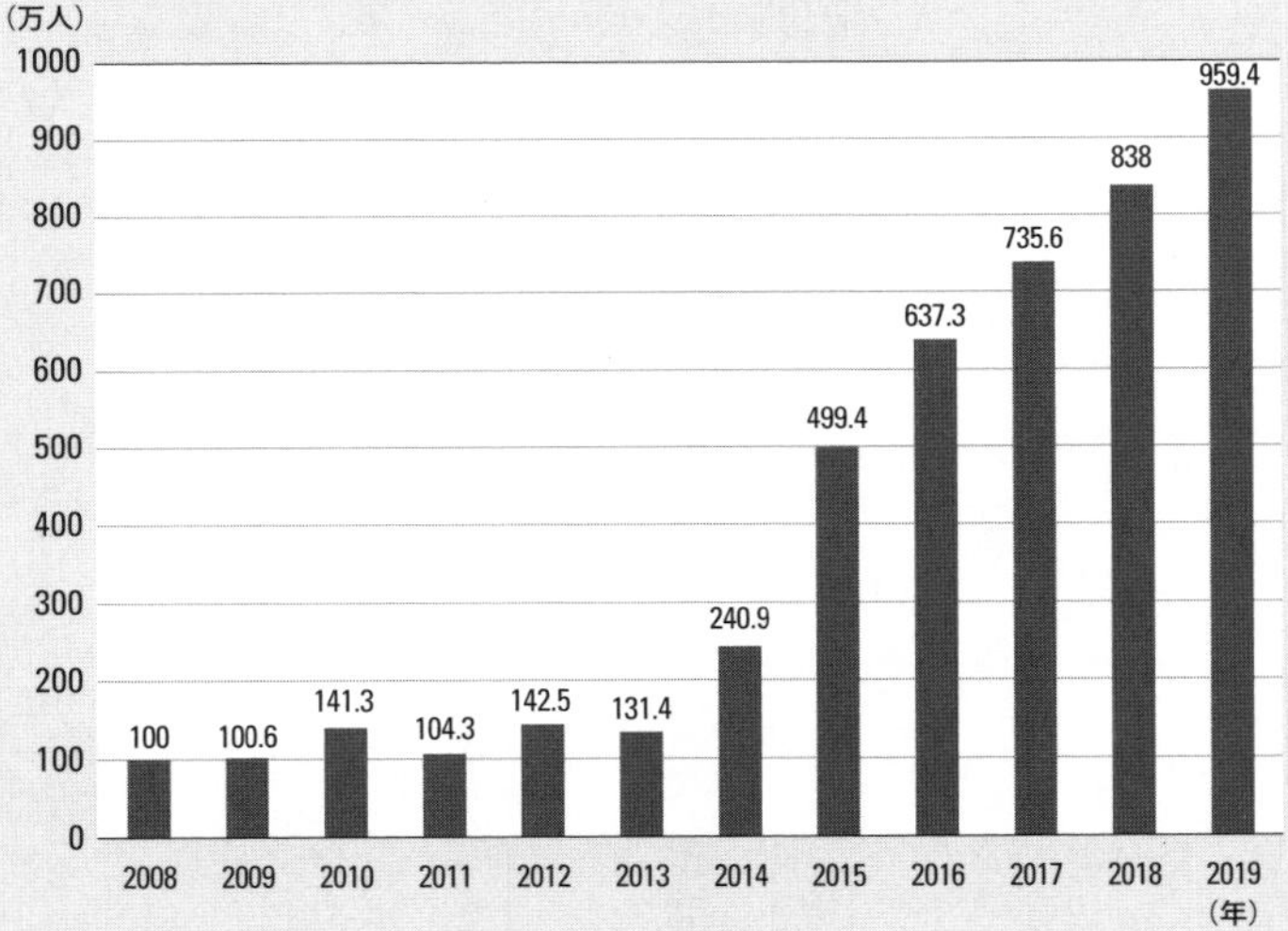

出典：地域ブランディング研究所
https://chibra.co.jp/taiken/hounichi-year-trend/

二つ目は、そもそもインバウンドとやらを推進する前に、日本経済をデフレから脱却させ、豊かになった日本国民を相手に国内観光業の発展を目指す方が、どう考えても健全であるためです。豊かな日本国民が、国内で贅沢な観光サービスを満喫する。外国人は、

「日本は物価が高いけれども、それでも自分も日本人のような贅沢な経験をしてみたい」

と、羨ましがり、結果的に外国人観光客が増えるならばいいのです。とはいえ、現実には安倍政権は「日本を安く売る」ことでインバウンドの拡大を図りました。

日本の観光資源は、我々の先人が代々、大切に受け継ぎ、残してくれた遺産です。その遺産を外国人に叩き売る。しかも、ビザ緩和やインバウンド拡大の背後で、民泊や白タクの規制が緩和され、

「貧乏な日本人は、外国人観光客様相手に宿泊サービスや運転サービスを提供して小銭を稼げばいい」

と言っているも同然の政府のやり方に、私は非常に憤りを感じたのです。

そして、最後の理由が、まさに「国境」という我々を外国から守ってくれるはずの壁を引き下げた結果、好ましくないものが日本に流入する可能性を否定できなかったためです。代表的な「好ましくないもの」は、もちろん疫病、感染症です。

COVID―19の感染者が日本国内で初めて確認されたのは、2020年1月16日でした。一週間後に、中国の武漢市で公共交通機関が停止。

2月5日、神奈川県の大黒埠頭に停泊中の大型クルーズ船「ダイヤモンド・プリンセス」号が、日本政府の指示で14日間の隔離措置を開始しました。ダイヤモンド・プリンセス号は、2020年1月20日に横浜港を出港。鹿児島、香港、ベトナム、台湾、および沖縄に立ち寄り、2月3日に横浜港に帰港しましたが、1月25日に香港で下船した乗客が、COVID―19陽性であることが確認されました。

ダイヤモンド・プリンセス号では、2月5日から二週間の観察期間で、乗客乗員3711人のうち、感染者が691人に達しました。発症日が判明している確定例を見る限り、多くの感染者は日本寄港「前」に感染していたと考えられます。日本政府がダイヤモンド・プリンセス号の入港を認めたのは「人道的措置」であり、それ自体は批判されるべきではありません。とはいえ、入港後に乗客乗員を隔離施設に収容し、さらなる感染拡大を防ぐことはできなかったのでしょうか。

それが、できなかったのです。何しろ、緊縮財政という「政府を小さくする政策」を継続してきた我が国には、3000名を超す人々を受け入れることが可能な公共施設などありません。

また、ダイヤモンド・プリンセス号では、乗客乗員のほか、船内で事務作業をしていた厚生労働省の職員二人、内閣官房の職員一人、検疫官一人の感染が確認されています。なぜ、他国のように防護服を着て作業をしなかったのでしょうか。「予算」の問題で、防護服が準備できなかったというのが真実でしょう。

しかも、船内で作業した厚生労働省の職員のほとんどが、ウイルス検査を受けずに職場に復帰。結果、省内に不安が広がり、慌てて全員検査。

さらに、日本政府は乗客について、船内隔離後の感染の可能性を否定し、公共交通機関で帰宅させました。ところが、栃木県に帰宅した女性がクルーズ船の検査では陰性だったにもかかわらず、感染が判明。すると、日本政府は、慌てて帰宅した乗客に対して「公共交通機関を使わないで」と呼びかける。まさに、泥縄。

2020年4月14日時点で、日本国内の感染者数は（ダイヤモンド・プリンセス号関連を除き）8582名に達していますが、その中で「感染経路不明」の感染者が多数存在しています。なぜ、安倍政権は初期段階で、せめて武漢が閉鎖された時点で、中国への「渡航禁止」措置及び中国からの「入国禁止」措置を講じなかったのでしょうか。

アメリカ政府は、COVID―19の感染拡大を受け、1月末時点で中国への渡航禁止に加え、同国からの退避の検討を勧告しています。また、イギリス政府も2月4日、イギリス国民は可能な限り中国から退避するよう勧告。ロシアも、2月20日に労働や観光、留学などを目的とする中国人の入国を一時的に禁止。

それに対し、日本の外務省は2月25日時点で、中国湖北省全域及び浙江省温州市に対し、「レベル3：渡航は止めてください（渡航中止勧告）」を発したのみで、それ以外の中国全土については「レベル2：不要不急の渡航は止めてください」に留め置いています。中国人の日本入国については、当初は「湖北省に滞在していた外国人」に限定して禁止。その後、浙江省もリストに加わりましたが、なぜ米英露のように、中国人の入国を全面禁止しなかったのでしょう。

時事通信は、2月19日に配信した「政府、広がる批判に焦り『水際で失敗』、支持率に影――新型肺炎」において、

「政府は当初、発熱症状や中国・武漢市への渡航歴、武漢滞在者との接触がある人らをウイルス検査の対象にしていた。ところが2月に入り、感染経路の分からない感染例が続出。首相側近は『1月時点で中国人全ての入国を止めるしかなかったが、もう遅い』と頭を抱えた。

政府関係者によると、習近平国家主席の国賓来日を控えて中国側から『大ごとにしない

でほしい』と要請があったといい、これも後手に回った要因だとみられる」

と、書いています。

つまりは、2020年4月の習近平国家主席来日予定に配慮し、中国からの入国禁止措置を講じなかった可能性があるわけです。これは、重大な「日本国民に対する裏切り行為」です（時事通信は、ダイヤモンド・プリンセス号の乗員乗客を隔離施設に収容しなかった理由について、「ある閣僚」が内情を明かしたとして「本当は早く下ろして隔離すべきだったが、全員を収容できる施設がなかった」とも書いています）。

本当に、習近平国家主席来日への「配慮」が理由なのか。あるいは、インバウンドというビジネス上の理由で、中国人観光客の来日を減らしたくなかったのか。いずれにせよ、日本政府がＣＯＶＩＤ—19という「危機」に適切な対応をしなかったのは明らかで、世界各国は次々に「日本」に対し、入国規制措置を採っていきました。

アメリカ国務省は2月22日、日本と韓国に対する渡航警戒レベルを、４段階のうち下から２番目となる「注意を強化」に引き上げ（その後3月19日には日本を含めた全ての海外への渡航中止を勧告）。

4月8日時点で、計181の国と地域で日本からの渡航者に入国制限が実施されています。

COVID—19の感染が広がり、日本経済は19年10月の消費税増税ショックに加え、さらなる消費・投資の縮小という打撃を受けることになりました。COVID—19の感染拡大も、安倍政権の失策の結果であることは間違いないので、両者を合わせて「アベ・ショック」と呼びましょう。

2020年2月以降、外国人観光客によるインバウンドはもちろん、我々日本国民の消費も激減してしまいました。例えば、景気絶好調で、国民の所得が堅調に伸び、「消費ブーム」が起きているような状況で、COVID—19が襲来した場合、我々は少なくとも「マインド」的には、消費を減らそうとは考えません。ところが、今回は19年10月増税で実際に消費が減り、消費マインドが凍り付いた状況でCOVID—19の問題が勃発。

ただでさえ、

「消費税が増税された(=消費に対する罰金が増えた)から、消費を減らそう」

と考えていた日本国民は、新型コロナウイルスの感染者が増えるに従って、元々、低迷していた消費意欲をさらに引き下げることになりました。

２０２０年４月７日には、安倍政権がついに東京都など七都府県を対象に、改正新型インフルエンザ等対策特別措置法に基づく緊急事態宣言を発令しました。日本の経済活動は一気に縮小し、ＧＤＰ（国内総生産）は大幅なマイナス成長にならざるを得ません。

４月８日に報じられた、ゴールドマン・サックスの試算によると、日本の４－６月期の経済成長率は、前期比年率マイナス25％（！）に落ち込み、統計開始（１９５５年）以来、最悪になるとのことです。

２０１９年10－12月期は、消費税増税の影響で、前期比年率マイナス７・１％でした。20年１－３月期も、マイナス成長は確実。日本経済研究センターによると、20年１－３月期は前期比年率マイナス２・89％。つまりは、三期連続の「凄まじい」マイナス成長になることが確実なのです。

ゴールドマン・サックスの予想では、２０２０年は暦年も年度も、共にマイナス６％と、やはり１９５５年以来の最悪値をつけるとのことです。

恐ろしい事態が、日本で進行しています。

煽りたいわけではありませんが、現在の日本で戦後最大最悪の危機が進行しているのは疑いようがありません。特に、安倍政権はまさに「最悪のタイミング」で消費税の増税を強行してしまった。悔やんでも悔やみきれません。

なぜ、このような事態になってしまったのでしょうか。実は、19年10月の消費税増税によるマイナス成長と、COVID―19蔓延とその後の経済危機に適切に対応できない日本政府という二つの問題は、根っこが同じなのです。アベ・ショックは、過去の政策の必然であり、突発的な事態でも何でもありません。

デフレーションという支出不足の国において、支出をさらに減らす緊縮財政が繰り返される。外国への経済的な依存を深め、COVID―19の到来といった非常事態に、まともに対応ができない。

当たり前です。日本国は「自由民主党」という政党の下で、政府の役割を小さくする「国家の店じまい」路線を歩んできたのです。もっとも、国家の店じまい路線は、自民党発足時点からの党是というわけではありませんでした。

ここで少し、自由民主党という政党の歴史を振り返ってみましょう。

55年体制

1955年、日本民主党と自由党が保守合同し、自由民主党が誕生しました。いわゆる、55年体制の始まりです。

自民党誕生前には、社会党の右派と左派が統一されています(社会党再統一)。日本社会党統一に危機感を覚えた財界が、保守勢力であった日本民主党と自由党に合同を要請。財界からの要請に応じた両政党が合併する形で、保守政党「自由民主党」が誕生したのです。

自民党の立党宣言は、

「政治は国民のもの、即ちその使命と任務は、内に民生を安定せしめ、公共の福祉を増進し、外に自主独立の権威を回復し、平和の諸条件を調整確立するにある。われらは、この使命と任務に鑑み、ここに民主政治の本義に立脚して、自由民主党を結成し、広く国民大衆とともにその責務を全うせんことを誓う」

という、実に立派な文章で始まるのですが、同時に公表された「党の政綱」において、

「六、独立体制の整備

平和主義、民主主義及び基本的人権尊重の原則を堅持しつつ、現行憲法の自主的改正をはかり、また占領諸法制を再検討し、国情に即してこれが改廃を行う。

世界の平和と国家の独立及び国民の自由を保護するため、集団安全保障体制の下、国力と国情に相応した自衛軍備を整え、駐留外国軍隊の撤退に備える」

と、堂々と「憲法改正」「自衛軍の保有」「駐留外国軍（在日米軍）撤退」を謳っているのは注目に値します。当時の自民党の政治家は、

「日本国民の共同体としての国家」

の価値を認め、世界最古の国である日本国を「国家」として維持していく意志と気概を持っていたのです。

自由民主党発足後、日本はいわゆる「55年体制」の下で、高度経済成長期に入りました。経済成長とは、先述の通り「ＧＤＰ」が増えることです。より具体的に書くと、

「生産性が向上し、国民一人当たりの生産量＝実質的な所得が増え、全体のＧＤＰが拡大していくこと」

こそが経済成長になります。

ここで「経済」について簡単に解説したいのですが、我々が財やサービスを買うためのおカネの多くは、我々が生産者として働き、獲得した「所得」から支出されます（所得ではなく、借入から支出することも可能ですが）。

生産者としての財やサービスの「生産」、顧客としての生産された財やサービスに対する「支出」、そして稼いだ「所得」の関係について整理してみましょう。

図1−6（P.37参照）のように、我々は生産者として、財やサービスを生産します。「財」とは、農産物や鉱物資源、製品です。「サービス」とは、農林水産業・鉱業・製造業以外のほぼ全てですが、例えば、小売、卸売、土木・建設、運輸、医療、介護、教育、不動産、宿泊、飲食、ライフライン、通信、娯楽、金融、保険そして「行政」などになります。公務員は「行政サービス」を生産しています。公務員の中でも「サービス」は細分化が可能で、警察官は「治安維持サービス」あるいは「防犯サービス」、消防官は「鎮火サービス」あるいは「救急サービス」、自衛官は「防衛サービス」あるいは「災害救助サービス」を生産すると書けば、分かりやすいでしょうか。

共同体が提供する様々なサービスを「不要」と切り捨てる場合、例えば、

図1-6｜所得創出のプロセス

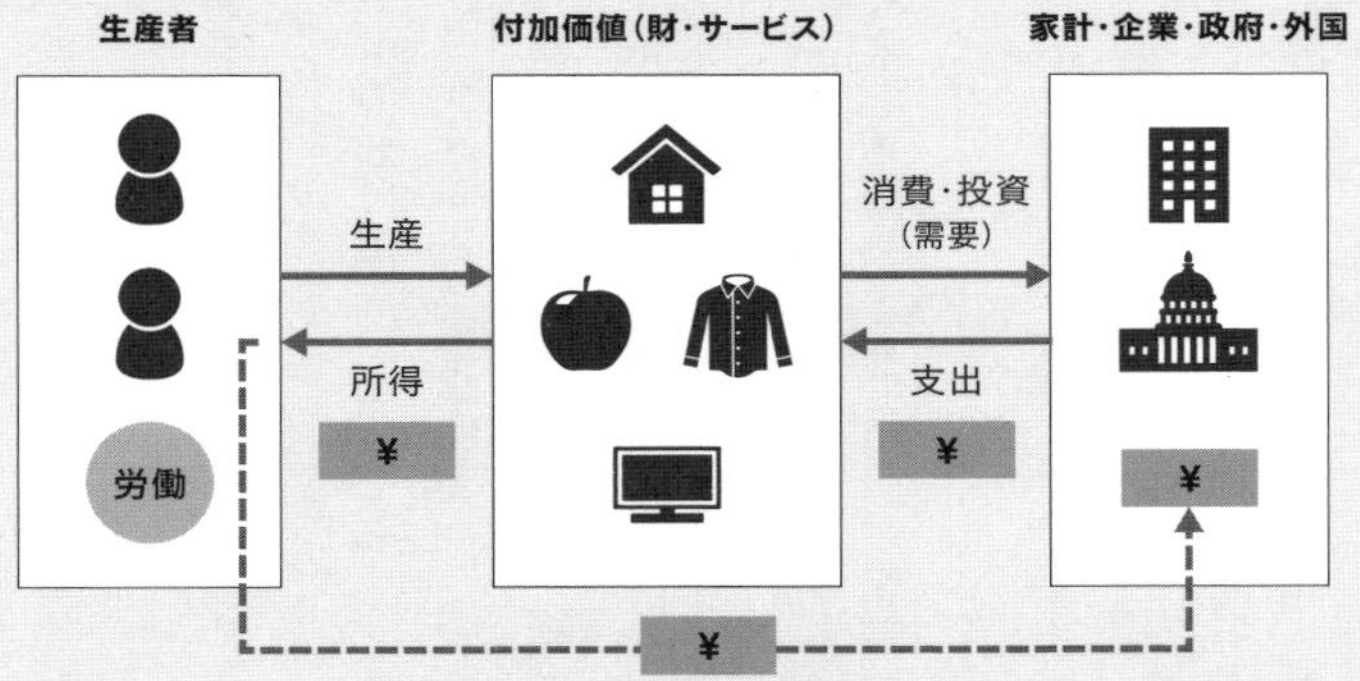

図表：著者作成

「犯罪者が自宅を襲わないように、自腹でセキュリティサービスを雇う」

「自宅が火事になったとしても、自動的に消化可能な鎮火設備を導入する」

「敵国が攻めてきた場合は、自前の民間軍事組織に撃退させる」

といった〝生存のための工夫〟が必要になるわけですが、なかなか面倒な話でございます。普通に、共同体の一員として、同じ国民が提供してくれるサービスを〝消費〟する方が、絶対に楽ですし、人生が効率的になります。

さて、公務員を含む生産者が「生産」した財やサービスに、我々顧客(家計、企業、政府、外国)がおカネを「支出」する、つまりは購入したとき、はじめて所得が「創出」されます。そして、我々は自ら生産して(＝働いて)稼いだ所得から、別の生産者の財やサービスを買う。すると、別の生産者に所得が生まれ、今度はその人が顧客になり、と、所得創出のプロセスが終わりない形で回っているのが、経済です（厳密には「実体経済」と呼びますが）。

我々一般の国民は、誰もが「豊かになりたい」と思っています。豊かになるとは、必ずしも「おカネが増える」ことではありません。「おカネが増える＝豊かになる」だと思っている方は、銀行から10億円を借り入れ、家の中に札束を積み上げてみてください。

「ほら、豊かになったでしょ」

とはなりませんよね。何しろ、銀行融資は返済しなければなりません。

おカネが増える、ではなく、所得が増えることこそが「豊かになる」です。

ちなみに、**図1―6**の所得創出のプロセスにおいて、生産、支出、所得の三つは必ず一致します。それはそうですよね。皆さんが働き、1万円の財やサービスを生産し、それに顧客が1万円を支出することで購入。皆さんが稼いだ所得はいくらでしょう？　もちろん、1万円です。

また、国家という共同体が持つ生産力を活用し、実際に生産された財、サービスの総計を「国内総生産」と呼びます。つまりは、GDPでございます。

とはいえ、所得創出のプロセス上、生産と支出、所得の三つは必ずイコールになる。というわけで、GDPとは国内の生産の合計であり、支出（あるいは「需要」）の合計であり、所得の合計でもあるのです。

実際、国民経済計算を管轄する内閣府は、GDPについて「生産面」「支出面」「（所得の）分配面」と、三つの「面」の統計を公表しています。そして、三つの面から見たGDPは、全て総計が同額となる。これを、GDP三面等価の原則と呼びます。

GDP三面等価の原則により、一人当たりの生産量＝一人当たりの実質的な所得です。一人当たりの実質の所得、つまりは実質賃金が増えていくと、「国民が稼ぐ所得で買える財やサービスが増えていく」ことになり、「国民が豊かになっている」と判断して構いません。

例えば、読者の皆様の給料が月額30万円だったとしましょう。その状況で、給料が10％上昇し、33万円になった。とはいえ、物価が20％上がってしまった場合、皆さんは稼ぐ所得で買える財やサービスが減っているわけで、豊かになったとはいえません。

20％、物価が上昇したとしても、生産性の向上により皆さんの給料がさらに30％増え、月額39万円になった。となると、給料の伸びが物価上昇を上回ることになり、皆さんは実質的に「豊かになった」ことになるわけです。生産性向上とは、「一人当たりの生産量の拡大」

という意味になります。

GDP三面等価の原則により、生産＝支出＝所得です。物価上昇分を除いた「生産の実質的な量」が拡大することこそが、真の意味での経済成長となります。すなわち、実質GDPの拡大です。

高度成長期はインフレ傾向で、GDPデフレータベースで見たインフレ率は5％前後で推移しました。とはいえ、当時は生産性の向上が著しく、実質GDPは平均10％弱という凄まじいペースで拡大を続けました。

日本国民の「豊かになりたい」という思いは、自民党政権により、一応、達成されたのです。もっとも、戦後の自虐史観に基づく教育により、日本国民は次第に「国民の連帯意識」を喪失していきます。さらには、防衛安全保障についてアメリカ依存を深めていったため、「安全に暮らしたい」という要請は置き去りにされました。

迫りくるグローバリズム

国民の連帯意識が次第に失われていく中、政治も変わり始めます。発端は、大平正芳内閣でした。大平正芳は第79代、80代の大蔵大臣を務めた後、第68代の内閣総理大臣に就任。大平は「棒樫財政論」や「安くつく政府」といったスローガンを掲げた、日本を代表する「小さな政府論者」でした。

小さな政府論とは、

「政府の機能、役割、規制、経済への介入は可能な限り小さくするべきだ」

という考え方で、この種の考え方は「グローバリズム」と総称されます。グローバリズムの政策は、

●緊縮財政：政府の支出を削減する。政府はできるだけ予算を使わない
●規制緩和：政府の経済への規制を緩和、撤廃し、公営企業などは民営化する
●自由貿易：財、ヒト、カネ、サービスの国境を越えた移動を自由化する。そのために「国境」という政府の規制を緩和、撤廃する

という三つのパッケージから成り立っています。三つの政策は必ず「同時」に推進されるため、私は「グローバリズムのトリニティ（三位一体）」と呼んでいます。

大平は大蔵大臣時代、１９７５年に三木内閣が戦後初となる「通常予算」における赤字国債（特例公債）発行を決めた際に、

「万死に値する！」

と、叫んだことで有名です。総理就任前から緊縮財政派であった大平は、総理就任後に各種の「政策研究会」を組織し、香山健一をはじめ、新自由主義者、小さな政府論者をブレーンとして結集しました。研究会の議論は、政策研究報告書として公表されています。

「政策研究会」の考え方は、その後の日本の政策に決定的な影響を与えることになりました。例えば、１９８０年にまとめられた「大平総理の政策研究会報告書」には、以下の提言が記載されています。

「（太平洋について）内海と化した。太平洋諸国がひとつの地域社会を形成し得る条件が整った。太平洋諸国が、その特色とする活力とダイナミズムをよく活用して、グローバリズム（※原文ママ）の新たな担い手となることを、心から期待する」

「外国為替管理法による厳重な統制が、人為的低金利政策等を実現する制度的な裏付けで

あったが、日本の国際的な地位の向上に伴い、『原則禁止・例外自由』という構造を持つ外国為替管理を維持することは不可能になった」
「財政赤字が拡大し、国債の大量発行時代が招来されたことである」
「経常的な歳出まで経常的に公債の発行に依存する現在の状況は極めて危険であり、当面の目標を『赤字公債』からの脱却におくのは妥当である」

自由貿易、規制緩和、緊縮財政。まさに、大平内閣こそが「思想的」な面で、自民党におけるグローバリズムの先駆けとなったのです。大平内閣の「政策研究会」の提言は、驚くべきことにその後「40年」も政策に影響を与え続け、ＴＰＰ、金融の規制緩和、為替自由化、プライマリーバランス黒字化目標など、着実に推進、実現されていきました。

ところで、香山健一などの新自由主義者を大平に引き合わせたのは、ＩＨＩや東芝の社長を務めた財界人、土光敏夫でした。土光は大平の跡を継いだ鈴木善幸内閣において、第二次臨時行政調査会で会長を務め（いわゆる土光臨調）、概算要求時点の予算の伸び率をゼロにする「ゼロ・シーリング」という緊縮財政を実現させます。さらに、土光臨調は財政赤字を１９８４年度までにゼロにすること（現代で言えば「プライマリーバランス黒字化」ですね）、国鉄、日本電信電話、日本専売公社という三つの公社の分割民営化などを提言。三公社民営化が、その後の中曽根政権で実現したのはご存じの通り。また、やはり土光臨調が提言した総合管理庁構想は、橋本政権の行政改革へとつながっています。

土光臨調以降、中曽根政権、橋本政権、そして小泉政権と、日本政府はひたすらグローバリズムのトリニティを推進していきました。政府の役割を小さくし、様々な規制を緩和。そして公共サービスやインフラを民営化し、民間の「ビジネス」と化していく。

1997年、橋本政権の消費税増税（税率を5％へ引き上げ）、公共投資削減といった緊縮財政により、日本経済はデフレ化。物価が下がり、それ以上に賃金が落ちていく形で実質賃金が下落。国民は貧困化していきます。

公共投資の削減は、小泉政権でも続きました。日本の公共投資は、すでにピークの六割未満にまで減りました。さらに「三位一体改革」と称した地方交付税の削減が始まり、科学技術予算も縮小。日本の国力が落ちていくと同時に、労働規制の緩和により非正規雇用、派遣労働者が激増。日本国民の「豊かで安全に暮らしたい」という願いは、踏みにじられ、貧困化した人々は鬱屈とした思いを蓄積します。いわゆる「ルサンチマン」が社会にあふれ、国民は互いにいがみ合い、憎悪の言葉をぶつけ合う。国民の連帯は失われていきます。

国民の連帯。非常事態が発生したならば、国民が助け合う。あるいは、平時においても、相互に助け合って生きていく。この種の考え方を「ナショナリズム」と呼びます。ちなみに、グローバリズムとナショナリズムは、完全に対照的です。グローバリズムの真逆がナショナリズムで、ナショナリズムの真逆がグローバリズムなのです。

1979年にイギリスでマーガレット・サッチャーという「小さな政府主義者」が政権を取って以降、グローバリズムにより痛めつけられたのは、日本以外の西側先進国に共通した現象です。ところが、我が国の場合は、大東亜戦争敗北後の情報統制、自虐史観蔓延により、祖国の歴史に対する誇りを奪われ、国家を否定する人が増えたところに、政府や国家を小さくするグローバリズムの直撃を受けることになりました。

いわば、左右から「ナショナリズム否定」のイズム（主義）に挟まれた格好になり、日本国はひたすら衰退していくことになります。

大東亜戦争敗北後のほとんどの期間、政権を担い続けた自由民主党は、当初の「国民のための政党」という意識を次第に失い、大平内閣、中曽根内閣、橋本内閣、小泉内閣と、時を経るに従い、グローバリズムの政党へと変身を遂げました。そして、自民党によるグローバリズムを最終的に完成させようとしているのが、2012年12月に発足した安倍内閣だったのです。

最悪の政府三冠王

「社会契約論」で有名なジュネーブ共和国出身の政治学者ジャン＝ジャック・ルソーは、同書において、

「人民が減り、衰微してゆく政府が最悪の政府である」

と、書いています。

２０１２年12月に発足した安倍晋三内閣もまた、グローバリズムのトリニティを容赦なく推進。労働規制はますます緩和され、国民の実質賃金、実質消費は減り続け、挙句の果てに日本は「子供が生まれない国」と化してしまいました。

図1―3（**P．15参照**）の通り、日本の実質賃金は、第二次安倍政権発足以降だけで、何と4・4％も下落。これは、一政権としては、日本の憲政史上最悪の下落率です（実質賃金を下げた他の政権が、長続きしなかったせいでもあるのですが）。

また、**図1―7**（**P．47参照**）の通り金額ではなく「購入した財・サービスの量」を見た実質消費は21世紀に入って以降、漸減状態にはありましたが、安倍政権下で悪化。二度の消費税

図1-7｜日本の実質消費の推移（2015年＝100）

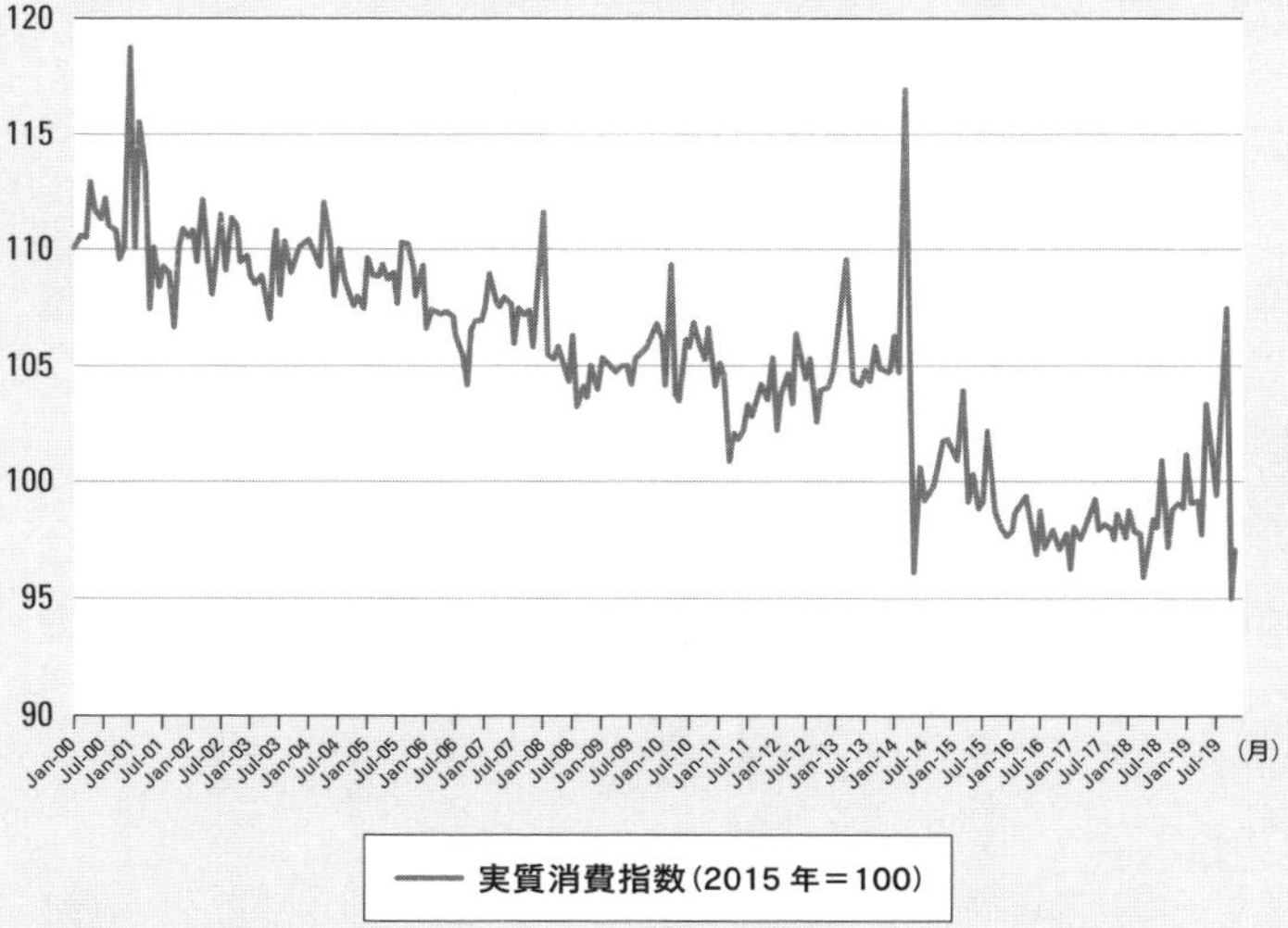

出典：総務省統計局「家計調査（二人以上の世帯）」

増税により、

「増税前に駆け込み消費が起き、増税後は駆け込み消費分を上回る落ち込みとなり、その後は回復しない」

という現象が起きているのを確認できると思います。

そして、出生数の驚異的な減少。**図1―8（P.49参照）**の通り、2019年の出生数は90万人を割りこみ、人口の自然減が50万人を上回ってしまいました。19年だけで、鳥取県がほぼ丸ごと消滅したのと同じになります。

安倍晋三総理大臣は、憲政史上「最も国民の実質賃金を減らし」「最も国民の実質消費を減らし」そして「最も出生数を減らした」政治家であり、ルソーの定義に従うと「最悪の政府三冠王」なのです。

日本の少子化、人口減少の理由は、データを見れば誰にでも分かります。日本の少子化・人口減少問題のポイントは、

「日本の出生数の下落は、有配偶出生率の低下ではなく、婚姻率の低下によりもたらされている」（※有配偶出生率：結婚している女性が産む子供の数）

という点です。日本のメディアでは「晩婚化」が少子化の原因と報じられますが、違います。

図1-8｜日本の出生数（左軸）と対前年比増減（右軸）】

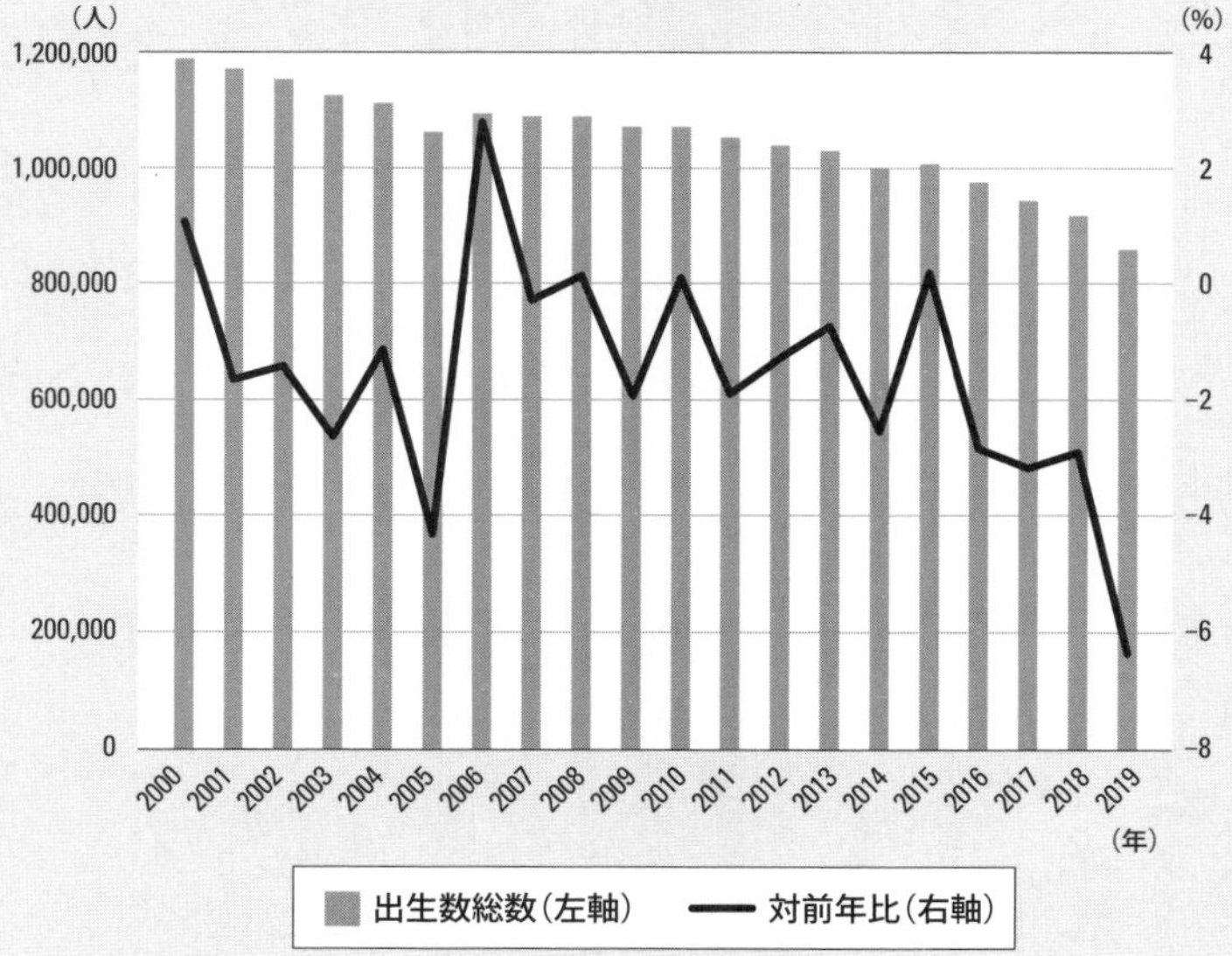

出典：総務省統計局

現在の日本で起きているのは晩婚化ではなく「非婚化」なのです。

令和元年の少子化社会対策白書に衝撃的なデータが載っていました。推計ながら、今や50歳男性の25%が「未婚」という事態になってしまっているのです。1970年にはわずかに1.7%だったため、衝撃的なスピードで「非婚化」が進んだことが分かります。

意外でしょうが、日本の若者の結婚願望は、先進国の中では際立って高いのです。同じく少子化社会対策白書のデータによると、「未婚者（18〜34歳）」に対するアンケート調査で、「いずれ結婚するつもり」と答えた者の割合は男女共に九割近い。日本人の結婚願望が高いにもかかわらず、非婚化が進む。そして、日本人が結婚しなくなった理由は、

1所得の低下

2東京一極集中

の二つになります。上記は「データ」が証明しているため、反論することはできません（少子化関連のデータについては、拙著『亡国のメガロポリス』で詳しく解説しています）。

そして怖いのは、安倍政権のグローバリズムに基づく政策は、緊縮財政、規制緩和、自由貿易を推進することで、実質賃金の低下と東京一極集中を「促進」するという事実です。日本の少子化、人口減少は、我が国の宿命でも何でもない。単なる、政策の必然なのです。

これは、恐るべき事態です。現在のグローバリズム路線の政治が続く限り、日本人は着実に「消滅」への道を辿ることになってしまいます。

日本の少子化を本気で解決したいならば、政策は実質賃金引き上げと東京一極集中の解消が中心にならざるを得ません。具体的な政策を挙げておきましょう。

1移民を入れない
2緊縮財政から転換し、公共投資の「選択と集中」を中止、地方を中心に交通・防災インフラを整備する
3医療・介護・土木建設など、政府が労務単価を引き上げられる分野の支出拡大
4地方交付税交付金を増額し、非正規の公務員をすべて正規化する
5労働規制を強化し、実質賃金引き上げを目指す
6政府が企業の生産性向上のための投資を全面支援
7東京から地方への家計・企業の移動を免税・減税政策で推進

よくよく考えてみると、これらは「安倍政権が拒否し続けている」正しいデフレ対策そのままになります。いや、拒否というよりは、安倍政権は「真逆」の政策を猛烈な勢いで推進していっている。

移民受入を拡大し、緊縮財政を続け、公共投資は東京圏に選択と集中。診療報酬、介護報酬を引き下げ、公共事業の労務単価上昇も抑制に懸命です。地方交付税交付金を減らし、公務員の非正規化を進め、労働規制はひたすら緩和。派遣労働や不安定なフリーランス（個人事業主）を増やし、「高度プロフェッショナル制度」なる残業代ゼロ制度も導入。企業に口先で生産性向上を求めるものの、政府はカネを出さない。東京から地方へ移転した際の減税政策は多少はあるものの、不十分（そもそも緊縮財政なので、大規模予算を使えるはずがないのです）。

少なくとも日本においては「少子化対策＝デフレ対策」になります。そして、安倍政権はデフレ対策ではなく「デフレ化政策」ばかりを推進する。結果的に少子化のペースが加速した。当たり前すぎるほど、当たり前の結果なのです。

それにしても、なぜ「最悪の政府三冠王」こと安倍総理大臣、あるいは安倍内閣は、国民を貧困化させ、消費拡大を不可能とし、結婚が「贅沢品」になってしまうほどに国民を追い詰める政策を続けるのでしょうか。理由は、安倍晋三内閣総理大臣の「目的」を考えると、理解できてきます。

安倍総理大臣の目的は、「国民が豊かに、安全に暮らせるようになる」という国民の願いを反映した「政策」の実現ではありません。「政治（権力の維持）」なのです。そして、「政治（権力の維持）」のために、自らを「器」と化し、必要なものは何でも受け入れる。不要なものは、たとえ国民が望んでいたとしても、受け入れない。

安倍総理の「器」

文芸評論家の浜崎洋介氏は、

「実は、安倍総理に確固たる信念は何もなく、都合が良いものを何も考えずに受け入れる『空っぽの器』にすぎないのでは？」

という仮説を唱えています。もっとも、確かに総理は様々な勢力の政策を「何も考えずに」受け入れているように見えるのですが、受入拒否をしている政策もあります。

理由は「政策」と「政治」を分けて分析すると、明確になります。

京都大学大学院教授（元・内閣官房参与）の藤井聡氏は、「政策」と「政治」の違いについて以下の通り解説されています。

●政〝策〟的原理：政治を通して公益を拡大することを目的とする
●政〝治〟的原理：政治権力を維持し続けることを自己目的とする

安倍政権は、特に「政治的原理」が強い、というより「政治的原理」しかない政権です。つまりは「政治（権力の維持）」が目的という話なのですが、統計に関する姿勢を見ればよく分かります。

例えば経済統計で「悪い指標」という結果が出たとします。「国民が豊かに、安全に暮らせるようにする」という政策的原理が働く政権であれば、むしろ「悪い指標」こそ重視しなければなりません。その上で、

「○○という結果が出たが、原因は▲▲であるため、◇□という対策を打ち、×☆までに改善します」

と、政策を転換するべきなのです。

企業のコンサルティングも同じでして、最初に財務諸表の分析から始めるのは、良い点、悪い点を含む「状況」を把握するためです。指標やデータは、むしろ「悪い点」を正確に見つけ出し、改善する上で有用なのです。「悪い点」が見えないままでは、改善の機会は訪れません。

ところが、安倍政権の場合は結果が出なかったことを受け、統計の定義変更、サンプル変更により「良く見せる」ことで権力維持を図ろうとします。過去の安倍政権による統計詐欺には、政治的原理以外に目的は何もありません。

社会資本整備総合交付金（特別会計）を公共事業の一般会計に突っ込み、

「公共事業を増やしている」

と強弁し、賃金統計のサンプルを変更し、「サンプル変更前」と「変更後」を比較して、賃金水準の上昇をアピールし、14年3月に景気動向指数が「景気の山」をつけたにもかかわらず、14年4月以降の落ち込みを封印し、「いざなぎ超えの好景気」と自画自賛し、GDPの基準を変更し、約30兆円GDPを「増やした」にもかかわらず、目標値の600兆円は据え置き。

統計は「政策実現」ではなく、あくまで「政治（権力の維持）」のために活用する。

興味深い事実をご紹介しましょう。安倍総理は「デフレ脱却」について、何と2012年と2019年で、全く同じことを語っているのです。

【2012年12月26日 安倍内閣総理大臣就任記者会見】

https://www.kantei.go.jp/jp/96_abe/statement/2012/1226kaiken.html

「デフレ脱却が我々の政権に課せられた使命であります。そのデフレを脱却していく上において、まずデフレギャップを埋めていくことが重要であります」

２０１９年11月20日、安倍総理の在職日数が第１次内閣を含めた通算で２８８７日に達し、憲政史上歴代１位となった際の会見では、左記のように述べています。

【２０１９年11月20日　共同通信「首相『新しい時代つくる』改憲、デフレ脱却に意欲」】

https://this.kiji.is/569691235340698721?c=39546741839462401

「デフレからの脱却、少子高齢化への挑戦、戦後外交の総決算、その先には憲法改正もある。チャレンジャーの気持ちで令和の新しい時代をつくる」

12年ならば分かりますが、七年後の19年に「チャレンジャーの気持ち」「デフレ脱却を目指す」と言っているわけですから、これを異常と思わない方が異常でしょう。要するに、総理の目的は「政治（権力の維持）」であり、デフレ脱却といった「政策」ではないのです。

ちなみに、なぜ逐一「政治（権力の維持）」と書いているのかといえば、本項では「政治」を「政治権力の維持」と狭義に捉えているためです。

安倍総理の「器」には、三つのパターン（図１―９　P．57参照）があるようです。

図1-9｜安倍総理大臣の器の原理

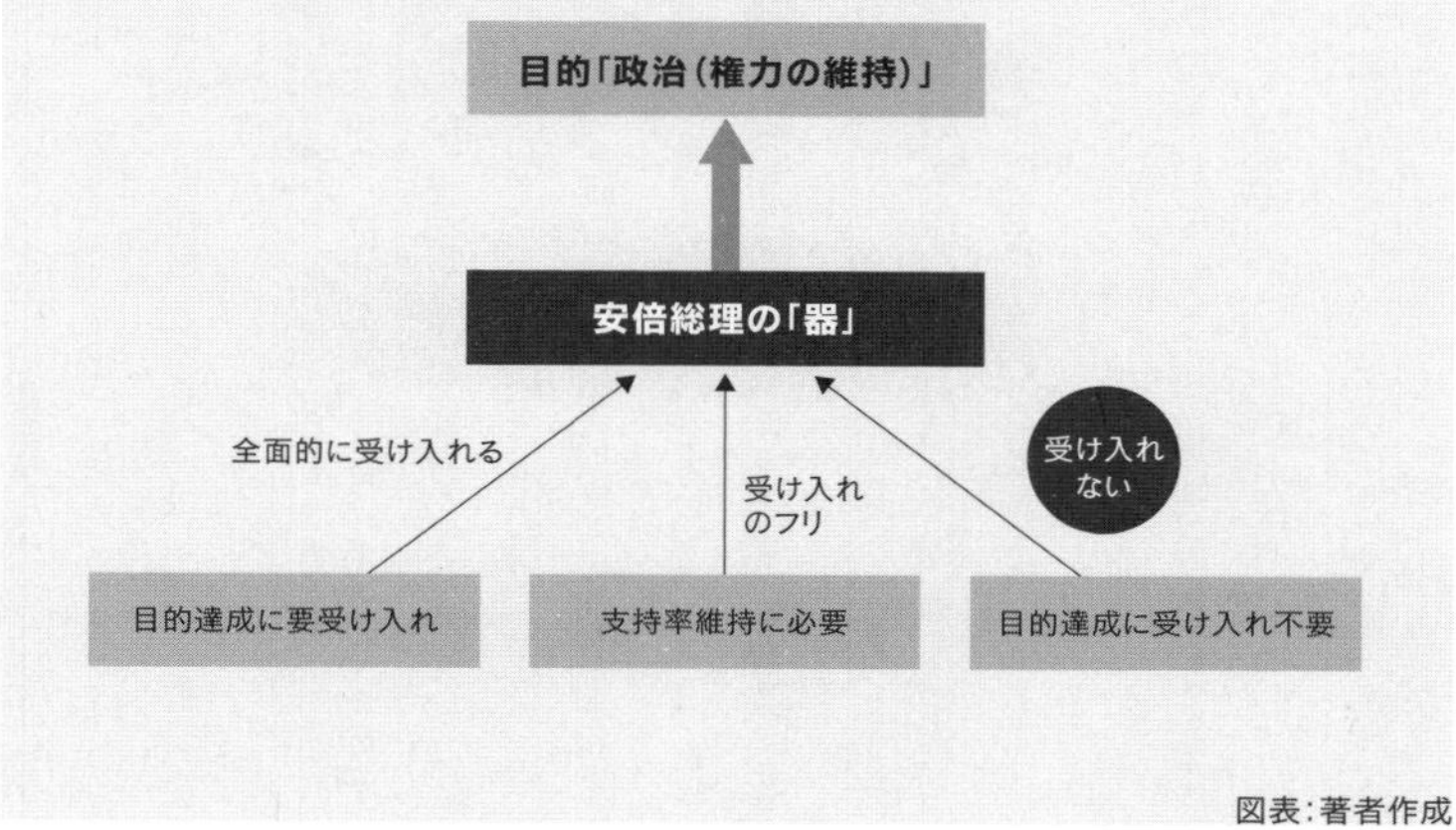

図表：著者作成

1．器に受け入れる
2．器に受け入れるフリをするが、実際には入れない
3．器に受け入れることを拒否する

1～3のどれにあたるかは、それが「政治（権力の維持）」に貢献するか否かで決定されます。「1」として受け入れたものは、「グローバリズム（新自由主義）」「アメリカ」「財務省主導の緊縮財政」「経済界」「いわゆるリフレ派（の金融政策）」。

「2」の「受け入れるフリだけはする」政策は、デフレ脱却、国土強靭化、憲法九条改正、拉致被害者救出などです。

これらの政策は、評論家の中野剛志氏が作成した「世界の政治経済マトリクス」**図1―10（P.59参照）**の右下、「右寄り反グローバリスト」

の支持を得ることができるため「口先」では叫ぶ。ただし「グローバリズム」「アメリカ」「緊縮財政」とは不整合であるため、絶対に推進しない（自然災害が頻発したため、さすがに国土強靭化はわずかに進めましたが）。

そして「3」の勢力、マトリクスの左側の勢力は、いずれにせよ「反・安倍」であるため、受け入れるフリもしない。むしろ受け入れた「フリ」をすると、「右寄り反グローバリスト」の支持が消滅し、「政治（権力の維持）」という目的に反することになってしまいます。

しかも、マトリクス左上の「左寄りグローバリスト」は、評論家の佐藤健志氏が指摘した「戦後の平和主義」勢力で、グローバリズムや緊縮財政にむしろ賛成します。日本において、自虐的な歴史観を広め、ナショナリズム破壊を推進しているのは、主にこの勢力になります。彼らは、

「国家に財政の自由を許すと、戦争になる」

と、頑なに信じているようなのです。

というわけで、マトリクス上層の右と左で「戦っているフリ」をすれば、国民国家の破壊を進めても、右下の「右寄り反グローバリスト」の支持率は落ちない。

支持率が落ちないのであれば、平気で嘘をつける。

図1-10｜世界の政治経済マトリクス

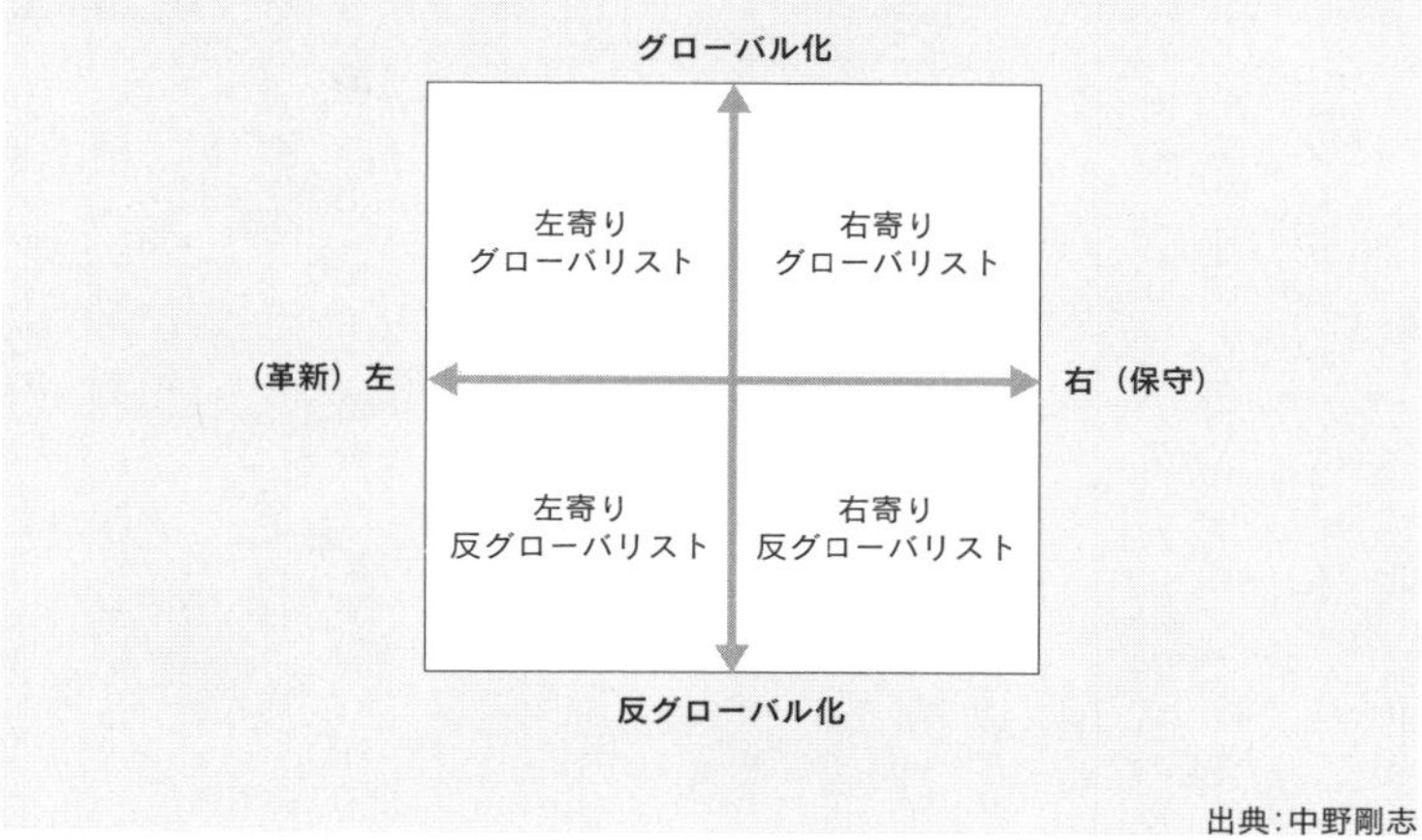

出典：中野剛志

もちろん、安倍総理が「日本国家を破壊する」といった妙な意図を持っているわけではないでしょう。単に「政策はどうでもいい」という話です。目的はあくまで「政治（権力の維持）」。総理は、諸勢力の利害が衝突する政策課題については「政治（権力の維持）」という目的達成にかなうか否かにより、計算するスタイルを採っています。

何しろ、七年間、デフレを深刻化させる緊縮財政路線を採りつつ「デフレ脱却！」と叫び続けたのです。「デフレ脱却」が「2」であることは、疑いようがありません。つまりは、器に入っていない。

デフレ対策は「反グローバリズム」の政策になってしまうため、「1」の器に受け入れたグローバリズムと衝突してしまいます。グローバ

リズムとは、政策的には、

「緊縮財政、規制緩和、自由貿易のトリニティ（三位一体）」

であるため、全てがデフレ化政策になります。デフレ化政策の推進を器に入れた以上、デフレ脱却策などまともに打てるはずがないですよね。だからといって「デフレ脱却しません」というと「政治（権力の維持）」に支障が出るため、口では、

「デフレ脱却！」

と、言い続けて、はや七年。

さすがに「デフレ対策」を全く打たないわけにもいきませんが、ここで都合よく登場したのが、

「日銀がインフレ目標を定め、マネタリーベースを拡大する量的緩和をコミットすれば、期待インフレ率が上がり、実質金利が下がり、デフレ脱却できる」

と、財政と無関係にデフレ脱却を可能とした「いわゆるリフレ派政策」です。「いわゆるリフレ派」が器に入ったのは、緊縮財政とも、グローバリズムとも衝突しないためです。

もっとも、2013年に元・財務官の黒田東彦氏が日銀総裁に就任して以降、日本銀行はすでに380兆円もマネタリーベースを増やしたにもかかわらず、インフレ目標を達成するどころか、デフレ脱却の兆しすらない。

当たり前です。何しろ、日銀が量的緩和をする反対側で、政府が緊縮財政で自らの支出や国

民の所得を減らしているのです。日銀の量的緩和とは市中銀行の「日銀当座預金」を増やすことで、別に財やサービスを購入するわけではありません。どれだけ日銀が貨幣を（市中銀行に）発行したとしても、緊縮財政で財やサービスへの支出が減るのでは、インフレになるはずがないのです。

もっとも、いわゆるリフレ派の金融政策は、円安をもたらし、器に入っている経済界の輸出企業には利益をもたらします。また、日本では円安になると株価が上がります。お買い得になった日本株を、外国人投資家が買うためです。株価が上がれば、グローバリストの投資家たちも喜ぶ。日経平均上昇は、支持率を引き上げる可能性が高いため、自分の「政治（権力の維持）」という目標達成にも貢献する。

デフレ対策を「金融政策」に丸投げし、緊縮財政を継続している以上、安倍総理にデフレ脱却の意志がないことは明らかです。とはいえ、「２」の勢力を敵に回すと「政治（権力の維持）」に支障が出る。だからこそ、２０１９年11月の記者会見においても、総理は「デフレからの脱却」と、語ったわけですね。

同記者会見で総理の口から出た諸政策、デフレ脱却、少子高齢化への対処、戦後外交総決算、憲法改正。すべてマトリクスの右下が望む政策ですが、総理の器には入っていません。とはいえ、これら人気がある諸政策を無視し、「政治（権力の維持）」に差しさわりが出るのは困る。だから、口では言う。というか「言い続ける」わけです。

つまりは、安倍総理は「政治（権力の維持）」を政治の目的とした場合、恐ろしく「有能な政治家」ということになります。

「1」の勢力が欲する政策は全面推進。「2」は口先で誤魔化す。「3」については、いずれにせよ反・安倍であるため、受け入れるフリすらしない。もっとも、「1」のアメリカが望むため、戦後平和主義の路線からはみ出すことはありません。

戦後平和主義、自虐史観、あるいは東京裁判史観の発言をすると「2」の勢力が反発しますが、口先で「憲法改正」「拉致被害者救出」と言っておけば、「政治（権力の維持）」は揺るがないと「計算」しているのです。

これまで、

「総理はデフレ脱却といいながら、なぜ緊縮財政路線やグローバリズムの政策を転換しないのだろうか？」

「総理は拉致被害者救出を主張しながら、なぜ憲法九条二項の破棄を真剣に進めないのだろうか？」

「総理は戦後レジームの脱却といっていたはずなのに、なぜ東京裁判史観の「安倍談話」を出したのだろうか？」
（※「安倍談話」とは、２０１５年8月の「内閣総理大臣談話」のことです）

と、各種の矛盾について疑問を感じていましたが、そもそもの目的が「デフレ脱却」「拉致被害者救出」といった政策ではなく「政治（権力の維持）」と理解すれば、全て説明がついてしまうのです。

図1―11（P．64参照）がまとめのチャートですが、大変残念なことに、安倍総理の器には「日本国」「日本国民」が入っているようには思えません。それどころか、器に入った諸勢力が望む政策を猛スピードで展開しています。

大平内閣以降の自民党は、次第に「亡国の政党」と化していきました。その弊害が、国民貧困化、ＣＯＶＩＤ―19のような非常事態への対応不可という形で、目に見えるようになってしまった。特に、国民貧困化が容赦なく進んでいるため、安倍総理の手腕をもってしても、不整合を「誤魔化せない」状況に至りつつあるのは確かだと思います。

とはいえ、このままでは日本政府が政策をピボットするよりも先に、日本国の寿命が尽きてしまいそうです。

図1-11｜安倍総理の器と政治経済マトリクス

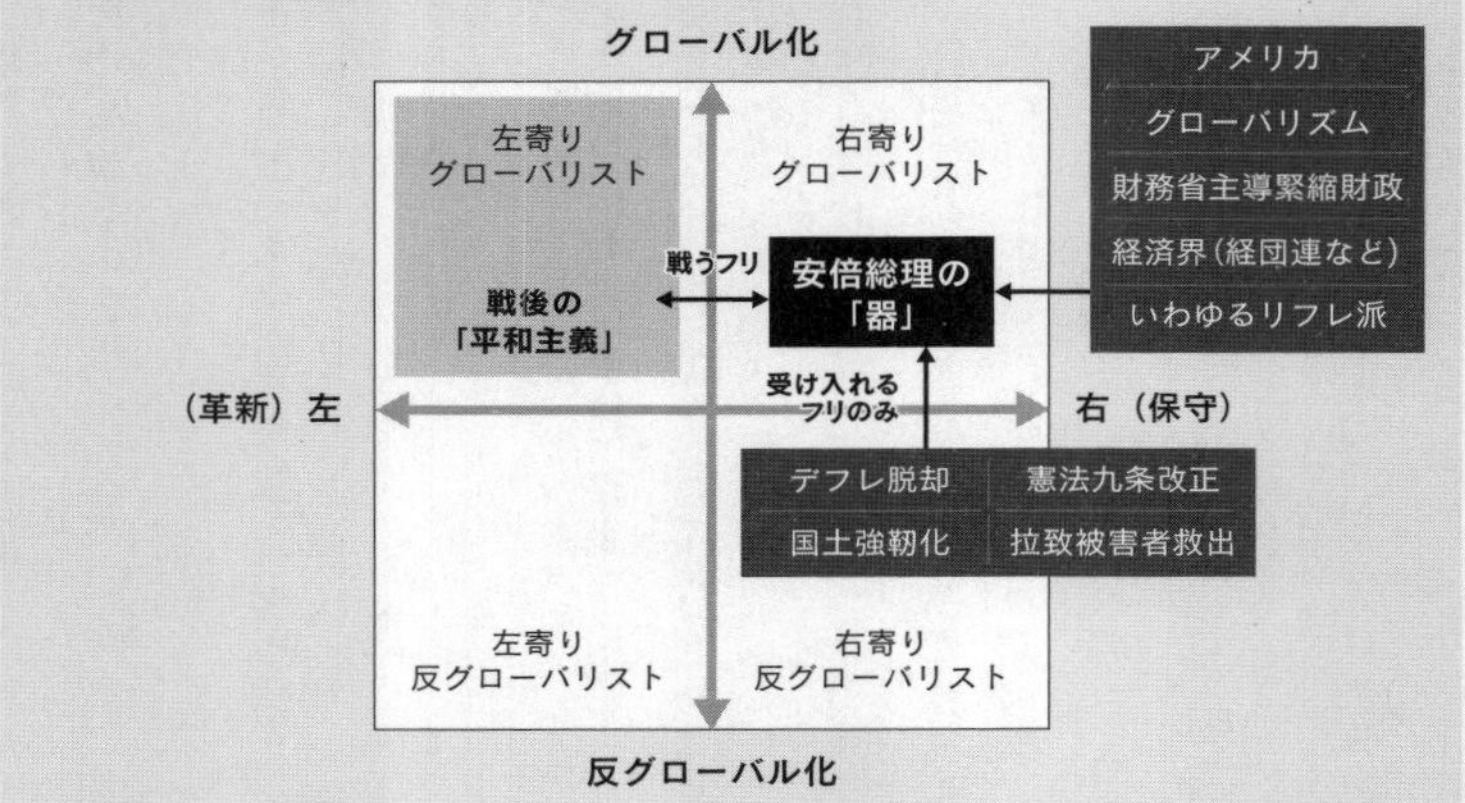

出典：中野剛志、加筆：著者

この局面を迎え、我々日本国民は改めて「国家」「政治」「政党」「民主制」など、我々の生活、ビジネス、あるいは人生を決定付けてしまう各種の概念について学び直さなければなりません。

次章では、人間が生きる上でどうしても必要なもの、国家や政治、民主制に繋がる基本的な概念である「権利」の話から解説しましょう。

第二章
個人の権利と民主制

「人々が、かれらすべてを威圧しておく共通の権力なしに、生活しているときには、かれらは戦争とよばれる状態にあり、そういう戦争は、各人の各人に対する戦争である、ということである」

トマス・ホッブズ『リヴァイアサン』

ロビンソン・クルーソーの権利

本章では少し自民党問題から離れ、我々が生きる上で不可欠な「権利」という、小難しい言葉から考えてみたいと思います。権利とは、辞書的な意味でいうと、

「何かをしていい、またはしてはいけないという資格」

と、なりますが、私たちは何となく、

「自分には○○の権利がある」

「自分は○○の権利を持っている」

という認識でいるのではないでしょうか。

読者のみなさんのほとんどが反発するであろう「真実」を書きますが、我々人間には、生まれながらに保障された権利などというものはありません。権利とは、私たちが生まれながらにして持っている「資格」ではなく、単に我々が属している社会、共同体が、

「あなたは、○○していいですよ（あるいは「しなくてもいいですよ」）」

と、認めてくれているものにすぎないのです。

逆に言えば、社会が認めない以上、権利は発生し得ません。例えば、日本国において、「一般の国民が、他人を害する権利」というものは存在しません。理由は、我々が住んでいる社会、共同体が、他人を害することを認めていないためです。

人間は、何らかの共同体に属さない限り、生きていくことはできません。無論、山奥なり無人島で、たった一人で、他の全ての人間と一切の交流を絶ち、生きていくことが不可能とは言いません。とはいえ、他者の誰とも接触せず、一生を終える場合、その「人間」は一切の権利を持ち得ないことになります。何しろ、権利を認めてくれる共同体に属していないのです。

分かりやすいので、イギリスの小説家ダニエル・デフォーの名作『ロビンソン・クルーソー』を例にとります。『ロビンソン・クルーソー』を読んだことがない方でも、名前は聞いたことがあるか、あるいはストーリーの概略はご存じなのではないでしょうか。

小説『ロビンソン・クルーソー』では、親に逆らい家出し、船乗りになったロビンソンが、カリブ海の無人島に一人、漂着。自給自足に近い生活を強いられる物語です。遭難した交易船から一人、脱出することに成功したロビンソンは、島で暮らし始めることになるわけですが、誰一人として、彼の仕事や生活を助けてくれる人はいません。住居の整備や、食料、水の調達。すべては自分一人でこなさなければならないのです。

島で病気になってしまったロビンソンは、激烈なおこり、発作、悪寒、熱に苦しめられることになります。ロビンソンは、何の助けもない、誰の助けもない環境下で熱病に苦しみ、死ぬほどの恐怖に襲われるわけですが、食料や水の調達すらできなくなった彼が、

「自分には生き延びる権利がある！」

と、叫んだところで、どうにもなりません。何しろ、ロビンソンの「生きる権利」を認めてくれる社会は、彼の周囲には存在していないのです。つまりは、たった一人、病で震え続けるロビンソンは、「何の権利も持っていない」わけでございます。

ロビンソンは、幸いに回復し、神に感謝を捧げますが、別に彼が信じる神が「ロビンソンの生きる権利」を認めてくれたわけではないでしょう。ロビンソンが病で死ななかったのは、身体が頑強で、かつ運が良かったためにすぎないのです。神様が存在しているか否かは分かりませんが、少なくとも「神様が我々の権利を認めてくれる」わけではありません。権利を認めるのはあくまで「他の人間の集合体」である社会です。

つまりは、漂着した島に他の人間が住んでおり、ロビンソンと共同体を構成することになっ

て初めて、何らかの権利が発生するのでございます。

ちなみに、ロビンソン以外の誰かがカリブ海の無人島で生活していたとしても、言葉が通じない場合、権利発生は甚だ困難でしょう。共同体とは、単なる人間の集まりではなく、最低でも「コミュニケーションが取れる人間の集合」を意味しています。

それはそうですよね。権利とは、

「○○をしてもいい。○○をしてはならない」

と、言語によって規定される概念です。この世にたった二人の人間しか存在しなかったとして、両者間で「互いに○○をしても構わない」という合意が成り立たなければ、権利は生じません。

ある日、ロビンソンはカリブ海の人食い族に捕らえられた若者、フライデーを助けます。フライデーとは、「金曜日に助けた」ということで、ロビンソンが若者につけた名前です。ちなみにフライデー自身は人食い族でしたが、いずれにせよ無人島に漂着してから二十五年目にして、ようやくロビンソンは「共同体」を持つことになりました。

ロビンソンに命を救われたフライデーは、召使いとして働き始めます。若く、頭が良いフライデーは、たちまち英語を覚えるわけですが、この時点でようやく、

「言葉が通じる人間の集まりとしての共同体」がロビンソンの島に成立し、両者に「権利」が生まれることになります。

何しろ、生まれも育ちも人種も宗教も趣向も文化も風習も、何もかもが異なるロビンソンとフライデーです。特に、食生活の違いは決定的です。ロビンソンは英国生まれ、フライデーは自身も人食いの習慣を持つカリブ族です。

まあ、イギリスの食生活が日本並みに豊かか否かについては、深く突っ込みませんが、それにしても食文化の隔たりは決定的でした。例えば、ロビンソンは肉をゆで、塩をかけて食べることを好みます。それに対し、フライデーは塩を使う習慣がありません。

当初、言葉が通じなかったフライデーは、少量の塩を自分の口に入れ、吐き出し、塩が健康に良くないとアピールします。逆に、ロビンソンは塩なしの肉を口に放り込み、吐き出して、塩を使うように命じます。

フライデーはロビンソンに忠誠を誓った召使いであるため、やがては少量の塩を使うようになりました。さらには、ロビンソンに激しく止められたため、人肉食もやめます。

とはいえ、フライデーが頑固な人物で、塩の使用を拒否し、人肉食も続けようとした場合、ロビンソンはどうすればよかったのでしょうか。たった二人の共同体においても、互いの価値観が違うケースは普通にあります。というより、ない方がおかしいです。

皆さんにしても、他の人と意見が異なることが頻繁にありますよね。この世に、我々のクローン人間はいません。今後、科学が発展し、遺伝的なクローン人間は作られるかもしれませんが、「思考まで同じ」人間は生まれ出ないでしょう。

詩人の金子みすゞは、「私と小鳥と鈴と」という詩において、

「鈴と、小鳥と、それから私、みんなちがって、みんないい」

と、詠いましたが、鈴と小鳥と私のみならず、全ての人間も「みんな違う」のです。それぞれが異なる考え方、価値観を持つ人間。千差万別な個性を持つ人間の集まりが共同体です。そして、その共同体以外に、我々の権利を認めてくれる存在はありません。

フライデーはロビンソンと構成した「社会」において、ロビンソンが塩を食べる権利を認めました。あるいは自らが人肉を食することをやめることも受け入れたわけですが、理由は何でしょうか。小説の中では、

「命を救われたフライデーが、ロビンソンに恩義を感じているため」

ということになってはいるのですが、恩義とは「感情」です。数多の人間とともに社会を生きる我々は、恩義は普通に「裏切られる」という現実を理解しているはずです。

もちろん、他人から受けた恩を裏切る、あるいは仇で返すのは「悪」であると、私だって思います。とはいえ、人間は聖人君子ばかりではないのです。そもそも、「恩を仇で返す」という諺《ことわざ》がある時点で、現代はもちろん、古来から人間とは恩義を裏切る、厳密には「恩義を裏切る者がいる」生物であったことが理解できます。

小説では、最後までフライデーはロビンソンに忠誠を尽くします。とはいえ、現実の「社会」は、フライデーのような誠実な人間ばかりではありません。個人の欲望や欲求、目標、目的、あるいは人生が異なる以上、互いに「権利」を認め合う社会を構成するのは、なかなかに大変です。少なくとも、性善説、つまりは「人間の本性は基本的に善」といった甘い考え方で、社会を構成することは不可能です。

また、社会の構成員が奇跡的に誠実な人々だけだったとしても、利害の衝突は常に起こりえます。例えば特定の仕事において、大勢の人々が働くことを望んだとします。誠実で、人を騙したり、傷つけることなど全く考えたこともないピュアな求職者が100人に対し、仕事が一つ。求職者たちは、誰もが家族を抱えている。自分が働き、所得を稼ぐことができないと、家族が飢える。

上記のような環境下において、全く利害衝突が起きないなどということは「有り得ない」のです。無論、個々人の相対的に邪《よこしま》な欲望もあるのでしょうが、

「家族に美味しい、温かいご飯を食べさせたい」

という望みを、我儘として切り捨てることは、この世の誰にもできないでしょう。

リソース（各種の資源のことです）が有限であり、全てのリソースを平等に社会の構成員に配分しても、それでも足りない。どうしても、各人の望みを満たすことができない場合、社会は「誰かに犠牲になってもらう」か「全員が満たされない状況に陥る」のいずれかを選択せざるを得ません。

アメリカの心理学者アブラハム・ハロルド・マズローは、人間が持つ欲求について五段階で整理しました。いわゆる、マズローの欲求五段階説**図2―1**（**P．75参照**）です。

マズローは、人間の欲求を下から「生理的欲求」「安全欲求」「社会的欲求」「承認欲求」「自己実現欲求」の五段階に分けました。人間は下の欲求が満たされて初めて、上のレベルを欲します。生理的な欲求、つまりは「食事をする」「温かい衣服を着る」「眠る」といった人間の生命活動に必要な基本的な欲求が満たされない場合、自己実現も何もあったものではありません。そんな暇なことを考えているくらいならば、水の一滴でも手に入れようとするでしょう。

社会全体に、人々の生理的欲求を満たすに十分なリソースが存在しなかったら？　当然ながら、どれだけ善人であっても、生き延びるために互いに闘争をしなければなりません。

それぞれが異なる欲望や希望、目的、あるいは個性を持つ人々が集まり、構成されているのが社会なのです。社会に属するということは、もちろん自らの権利を認めてもらうことにはなりますが、同時に構成員は、

「他人の権利を認める」

必要があります。認められる権利に差があり、「自分には権利があるが、あんたにはない」状況では、健全な社会は成り立ちません。

日本を除くユーラシアの国々は、歴史的というよりは伝統的に「奴隷制度」を維持してきました。古代ローマ帝国では、対外戦争で得た捕虜は、奴隷としてローマ市民に使役することを強いられました。

無論、古代ローマでは、奴隷はおカネを貯めることで、自らの自由を買い戻すことはできました。いわゆる解放奴隷ですが、実際には「奴隷は死ぬまで奴隷」として、身分が固定されてしまう国々の方が多かったのです。

奴隷は社会に属していながら、何ら権利を認められていない存在です。となれば、虐げられ

図2-1｜マズローの欲求五段階説

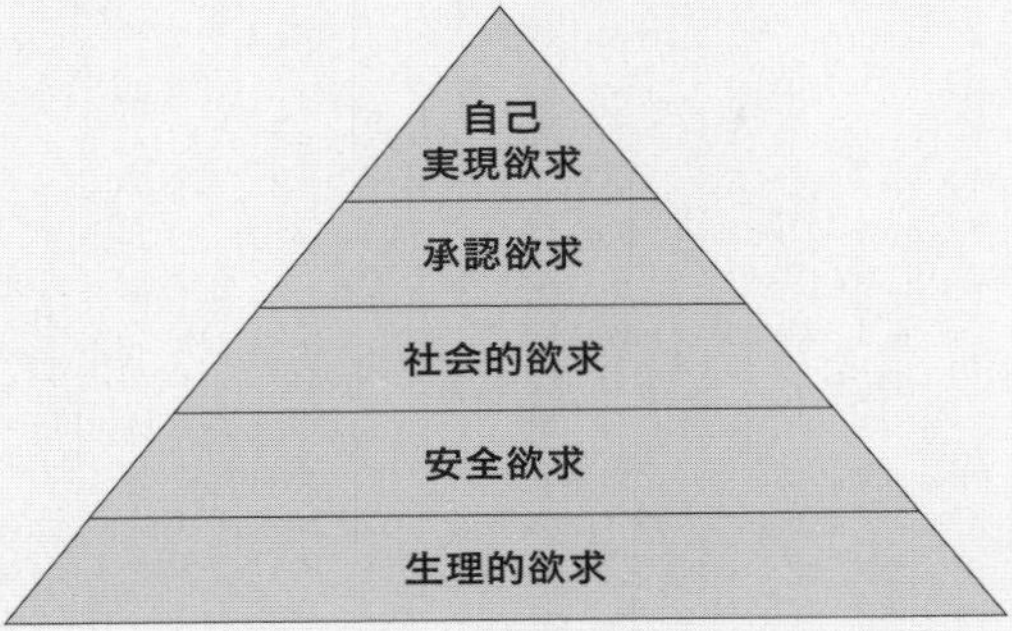

図表：著者作成

た奴隷が集団化し、支配層に反乱を起こすというケースは普通に考えられます。実際、古代ローマでは大規模な奴隷反乱だけで三度もありました。最も有名なのが、紀元前73年に始まった「スパルタクスの乱」です。

奴隷とはいっても、一人の人間です。憤怒、憎悪、反発といった感情を持つ人間に権利を与えず、別の誰かの支配下、管理下に置くという社会制度は、不安定にならざるを得ません。人類が、

「共同体に属する者が、等しく、あるいは『ほぼ等しく』同等の権利を持つ社会」

を追求する形に変わってきたのは、至極、当然のように思えます。構成員が「互いに互いの権利を認め合う」社会ですね。

とはいっても、人間は誠実な善人、聖人君子

ばかりではありませんので、互いに権利を認め、尊重するために「ルール」が必要となります。社会の構成員「全員」がルールを遵守することで、互いの権利が侵害されないようにするのです。

もっとも、ルールを設定するだけではダメなのは言うまでもありません。世の中は決まりを守る、善良な人間ばかりが暮らしているわけではないのです。というわけで、私たちは「自らの権利を認めてもらう」ために、社会に各種のルールを設定すると同時に、誰もがルールを守るように「強制力」を持つ存在を必要としました。

ルールや強制力は、歴史的に様々な形態をとりましたが、少なくとも現代文明においては、人類の間にほぼ共通認識が出来上がっています。現代において、社会のルールを「法律」、強制力を持つ存在を「国家」と呼びます。

実は、私たちが曲がりなりにも特定の「権利」を保有している、あるいは「保有しているように見える」のは、国家という強制力、別名「権力」と、法律の存在によるのです。法律や権力が存在しない社会では、権利もまた、存在しえません。

幸いなことに、現代日本には国家や法律が存在しています。そして、我々の権利は「法律」によって定められているのです。日本国憲法では「第三章　国民の権利及び義務」と、一章を

設け、

「〔基本的人権〕

第十一条　国民は、すべての基本的人権の享有を妨げられない。この憲法が国民に保障する基本的人権は、侵すことのできない永久の権利として、現在及び将来の国民に与へられる」

と、日本国民が「基本的人権」という名の権利を「保障」されていることを明文化しています。人権とは何か、については後述しますが、いずれにせよ我々の権利は「日本国憲法」という、日本国の法律により認められていることに注目してください。ちなみに、憲法とは、国家の基本となるルールを意味し、広い概念の法律の一種です。

一般的な法律は国会議員が国会で議決することで決定されます。それに対し、憲法は「法律を制定する際の基盤となる法律」となり、1215年にイギリスが制定した（というよりも、議員、貴族たちが国王に突き付けた）マグナ・カルタが源流と考えられています。

通常、憲法は法律よりも「変えにくい」形になっています。また、憲法はあらゆる日本国の法律のベースであるため、国民の基本的人権を侵害する法律は、憲法違反で無効になります。

いずれにせよ、我々の権利は国家という社会共同体により認められているからこそ、存在し得るのです。人間は、生まれながらにして何らかの「普遍的な権利」を保有しているわけではありません。

逆に言えば、国家という「個々人の権利を認める共同体」が存在しない場合、当然ながら人々は無権利状態に置かれることになります。現実の世界においては、無国籍ゆえに無権利の人々が大勢、存在します。

例えば、トルコ、シリア、イラク、イランと、各国の国境をまたぐ形で暮らしているクルド人です。人口2500万から3000万人といわれるクルド人は、独自の国家を持たない世界最大の民族集団です。

クルド人は、自らの国家を求め、武装闘争を繰り返していますが、各国政府は「クルド国家」の設立を認めようとしません。それどころか、クルド人の独立運動に対し、絶えず弾圧を繰り返しています。過酷な政府からの弾圧に抗議をしようにも、クルド人には国家がないため、彼らの民族としての権利を擁護してくれる機関はどこにもありません。

国家なき民は悲惨です。無論、国際社会から「善意」という名の支援は受けられますが、クルド人を弾圧する中東各国がどれだけ国際社会から批判をされたとしても、

「彼らは我が国の国民ではない」

で、話が終わってしまうのです（一応、クルド人は表向きは居住国に属していることになっています）。当たり前ですが、国家の権利の擁護対象は「自国民」に限られ、他国や無国籍の人々は範疇外です。これは、その国に住んでいる、あるいは税金を払っている云々とは関係がありません。

日本では「国籍」について軽く考える人が少なくないように思えます。それは、私たちがたまたま「世界最古」の国家の国籍を持って生まれてきたためです。

例えば、世界を旅する際の「パスポート」は、国家が発行します。パスポートなしでは、日本を含む諸外国は、旅行客だろうが、ビジネス客だろうが、入国を認めることはありません。また、国によってはパスポートに加えて「入国ビザ」がないと入れません。ビザとは「査証」という意味になります。そして、査証とは、

「特定人物が所持する旅券が有効で、かつその人物が入国しても差し支えないことを示す証書」

という意味になります。

無論、国と国の取り決めで「ビザなし、パスポートのみで入国可能」とすることもできます。ちなみに、日本のパスポートは、ＣＯＶＩＤ—19が発生する前の２０２０年1月時点ではビザなしで渡航できる国が１９１か国と、世界最多となっていました（二位がシンガポールです）。渡航先数では「最強のパスポート」であるため、中国人などが「ビザなしで渡航できる国を増

やしたい」という理由で、日本に帰化するケースが出てきています。

とはいえ、そもそも帰化あるいは「国籍を変える」とは、軽々しく考えていいものではありません。例えば、アメリカは元々が「移民国家」であるため、国家としてのまとまりを懸念し、帰化条件を明確に定めています。

アメリカ国籍の取得を望む人は、宣誓式に出席し、以下の五項目を誓わなければなりません。

●アメリカ合衆国憲法への忠誠の誓い

●以前保持したすべての外国への忠誠の放棄の誓い

●国内外の敵からアメリカ合衆国憲法を守る誓い

●法律が定めた場合、兵役に従事する約束

●国家の大事の際、法律が定めた市民としての義務を果たす約束

特に、法律が定めた場合は「兵役に従事する」というのは、これは重い誓いになります。しかも、元々の生まれ故郷である「旧・祖国」に対する忠誠の放棄も併せて宣誓しているため、最悪の場合、

「生まれ故郷の旧祖国の軍隊と戦う」

ことを求められることになります。実際、大東亜戦争では日本から移民した日系アメリカ人

は、先祖の国である日本の軍隊と死闘を展開することになりました。

日本の国籍取得は、アメリカと比べるとはるかに簡単です。何しろ、日本の帰化要件は「日本に住所がある」「年齢が20歳以上」「素行が善良」「生計を立てられる」「元々の国籍を失う」「暴力団やテロリスト集団に属していない」「日本語を話せる」など、

「そりゃ、当たり前だろう」

という感想しかでてこないほどに「甘い」のです。特に、アメリカのように、

「生まれた祖国への忠誠を捨て、法律に従い兵役に従事する」

ことは求められないわけで、正直、日本国民の「国籍に対する意識」の低さを反映しているとしか思えません。日本とアメリカと、どちらの帰化要件が「適切」なのか。間違いなく、アメリカです。

何しろ、我々「人間」の権利を認めてくれる存在は、究極的には国家しかないのです。世界政府が存在しない以上、「どこの国民なのか」は、それこそ人生を決定してしまうほどに重要な問題です。しかも、国家と国家の権益がぶつかり合うことは、これは普通にあり得ます。ちなみに、一部の日本国民が大好きな国際連合とは、国家と国家の衝突について、「せめて、話し合いを優先しよう」という思想に基づき、設定された議論の場にすぎません。正直、国連の機関において、まだしも紛争の抑制や平和の維持に貢献できるのは「国連軍」だけだと思いま

す。

もっとも、国家と国家の究極的な衝突である「戦争」を経験したことがない我々が、国籍について軽く考えてしまうのは、これは仕方がない話なのかもしれません。とはいえ、日本国籍を持つということは、それだけで世界的には「相当に恵まれた立場」であるということくらいは、自覚する必要があると思います。

ちなみに、世界、特に欧米諸国では、富裕層に「他国の国籍取得」をアドバイスするビジネスが成立しています。国籍を変える、のではなく、今の国籍は維持したまま、他の国籍も取ろう、という考え方になります。世界には、マルタのように自国の国籍を売却することを「主産業」としてしまっている国もあるのです。マルタは多重国籍を認めているため、例えば日本人がマルタ国籍を取得したとしても、日本国籍を捨てる必要はありません。

あたかも別荘を買うような感覚で、他国の国籍を取得する。とにもかくにも、おカネを払えば、特定国の「国民」になれる。

ビジネス中心主義のグローバリズムも、行くところまで行き着いてしまったという印象ですが、本来、国籍所有者は国家を維持するために「戦う」ことを求められるのです。何しろ、国家が消滅してしまった場合、クルド人のように「無権利状態」に置かれることになってしまいます。

国家や国籍について真剣に考えてみれば、アメリカの厳格な「宣誓」と、日本のお遊びのような帰化要件と、どちらが適切であるか理解できるはずです。

FREEDOMとLIBERTY

ところで、日本には「自分は生まれながらにして、普遍的な権利を持っている」という勘違いと同時に、「自由」という言葉について誤解している人も少なくないように思えます。そもそも、自由とは何を意味するのでしょうか。

意外と知られていませんが、江戸時代の日本には「自由」という言葉はありませんでした。自由がなかったわけではありません。概念はあったものの、言葉は存在しませんでした。

我々は江戸時代について、

「窮屈な封建時代で、固定された身分制度があり、人々は様々な制約の下で人生を送らざるを得なかった」

と、教えられていますが、実際には違いました。といいますか、「様々な制約の下で生きざるを得ない」とは、あらゆる時代、あらゆる国がそうです。例えば、国家が定める法律という制約「全て」から解放されたいというならば、それこそ国籍を捨て、無権利状態になる必要があります。

ちなみに、実は江戸時代において、農民―武士間の階級移動は意外に少なくありませんでした。農民の訴訟によって、奉行が責任を取らされたこともあります。あるいは、農民は「経営者」として自由に裁量し、生産性向上のための投資ができたことなどが、最近の研究から明らかになっています。士農工商という厳格な身分制度の下で人々は窮屈に生きざるを得なかった、というのは、時代遅れの江戸時代観です。

それはともかく、FREEDOM、LIBERTYの訳語として自由という言葉が記載されたのは江戸末期です。英語で自由を表す言葉を知った、幕府外国方英語通辞のトップであった森山多吉郎が、

「この概念を表す日本語がない」

として、案出した単語とも言われていますが、正確なところは判明していません。福沢諭吉の造語という説もあります。

いずれにせよ、日本語の「自由」は英語を翻訳する都合上、誕生したのですが、実は英語に

は、自由を意味する単語が二つあるのです。すなわち、ＦＲＥＥＤＯＭとＬＩＢＥＲＴＹです。ＦＲＥＥＤＯＭも、ＬＩＢＥＲＴＹも、共に「自由」と訳されますが、ニュアンスが若干違います。

ＦＲＥＥＤＯＭとは、人間が個人として保持している自由になります。例えば「思想の自由」などは、人間が人間である限り持ち続けることができます。ＦＲＥＥＤＯＭとは、受動的な自由であり、人間が「獲得する」必要はありません。

それに対し、ＬＩＢＥＲＴＹは「制限・束縛する何か」から獲得する必要がある自由です。つまりは、能動的な自由。元々は、不自由な状態だったところから、解放されることで勝ち取る自由。

例えば、独裁国家を倒し、手に入れる自由はＬＩＢＥＲＴＹです。アメリカのＮＹにある自由の女神は、正式名称を「ＬＩＢＥＲＴＹ ＥＮＬＩＧＨＴＥＮＩＮＧ ＴＨＥ ＷＯＲＬＤ（世界を照らす自由）」といいます。自由の女神は、アメリカの独立１００周年を記念し、フランスが寄贈したものです。アメリカの独立とは、もちろん英国国王からの自由を意味しています。まさに、ＬＩＢＥＲＴＹです。

経済用語で言えば、市場の自由。アダム・スミスは「見えざる手」（「神の」見えざる手、ではありません）という表現で、自由市場を評価しましたが、元々の英語表現では「LIBERTY MARKET」になります。スミスの言う自由市場とは、政府などの規制がない自由な市場という意味であるため、当然ながらLIBERTYが正しいのです。

また、我々は、気ままに物事を考えることができますが、これは「圧政から勝ち取った自由」というわけではありませんので、この場合はFREEDOMですね。

FREEDOMとLIBERTYの違いで分かりやすいのは、例えば独裁政権において、強制収容所に入れられたケースになります。収容所に閉じ込められた人には、もちろんLIBERTYはないのですが、FREEDOMはあります。誰も、人間個人の思考の自由は妨げることができません。

と、言いたいところですが、現実には「思考の自由」を奪い取る手段はあるように思えます。ずばり、洗脳です。

人間は「言葉」で思考するため、言葉を奪い取ることで、思考の自由をも妨げることが可能です。

1949年に刊行されたイギリスの小説家、ジョージ・オーウェルのディストピア小説『一九八四年』は、独裁者ビッグ・ブラザーに支配された全体主義国家オセアニアが舞台です。オセアニアのイデオロギーはイングソック（イギリス社会主義）と呼ばれ、「過去を支配する者は未来を支配する。現在を支配する者は過去を支配する」というコンセプトに基づき、歴史を改竄《かいざん》していきます。

「現在を支配する者は過去を支配する」

を、現代において現在進行形で進めている国家があります。中華人民共和国です。例えば、中国の子供たちは、１９８９年６月４日に鄧小平の命令で人民解放軍が天安門広場で人民を虐殺した「天安門事件」について教わりません。大人たちも、共産党を恐れて誰も語りません。

誰も教えず、誰も口にしない。インターネットで「六四」を検索するだけで、公安警察が飛んでくる。結果的に、中国の人民の「脳内」から次第に六四天安門事件の記憶が消えていっています。

要は、プロパガンダによる「ＦＲＥＥＤＯＭ（思考の自由）」のコントロールですね。

日本においても、大東亜戦争敗北後にＧＨＱ（連合国軍最高司令官総司令部）が検閲を政策化し、言葉が次々に変えられ、消されていきました。大東亜戦争は「太平洋戦争」に用語変更され、八紘一宇《はっこういちう》（天下では民族などに関係なく全ての人は平等、という意味）は封殺。その後の日本人が、大東亜戦争について「正しく理解する」ことを不可能としました。

GHQは、日本占領直後に、
「言論及ビ新聞ノ自由ニ関スル覚書」
「日本ノ新聞準則ニ関スル覚書」
といったプレスコードを定め、配下の日本人を使い、国内新聞社や出版社への事前検閲や事後検閲を行いました。例えば、反占領軍的と判断された記事は、占領軍兵士による犯罪であったとしても、徹底的に弾圧。記事を全面的に書き換えさせたのです。

特に問題になったのは、事後検閲でした。事後検閲とは、とりあえず発刊、刊行は認めるものの、出版後に問題があると判断した場合、出版物全てを回収させる方式の検閲です。事後検閲は、出版、印刷、配布した後に、回収を命じられるリスクが出版サイドに生じます。経済的には、大損害です。

というわけで、新聞社や出版社は、やがて「回収を命じられる可能性がある出版物は出さない」と、自らGHQのコードに沿った検閲を行うようになりました。事後検閲が、自己検閲に変わったのです。

GHQの検閲開始から七十年以上が経過し、もはや日本人は戦争関連の情報について「検閲されていた事実すら知らない」段階に至っています。例えば、軍隊において兵士が実家などに送る手紙について、検閲官が開封し、中身を確認するのは、これはある意味で当然です。手紙の内容から作戦が外部に漏れてしまうと、大勢の兵士が死ぬことになりかねません。そして、家族が受け取った手紙の一部が黒塗りされていた場合、少なくとも「検閲されている」事実は分かります。

それに対し、ＧＨＱの検閲行為は、日本人に「検閲されている」と認識させない。一切の自覚なしで、我々は言葉を奪われ、改竄された歴史を頭に叩き込まれ、真実に基づく思考が不可能になっていく。

古代史関連でも、皇国史観が修正されたのはともかく、日本書紀、古事記という基本資料までをも全否定。検閲に加えて、真っ当な歴史学者が公職から追放され、古代の大和王朝による朝鮮半島南部（加羅など）支配に関連する神功皇后、任那といった用語も封印されてしまいました。加えて、初代の神武天皇から九代の開化天皇までは、

「実在を信じる説はない」

などと自虐的な歴史学者たちに断定され、神武東征という「日本国の建国」ですら教科書に載らない。神功皇后や任那という言葉はあらゆる歴史解説本から姿を消し、歴史学者が口にすることも無くなり、一種のタブーと化しました。結果、現在は日本国民の記憶の中からも消滅し、我々は古代日本史を理解することが不可能になりつつあります。

オーウェルの『一九八四年』では、多くの語彙（ボキャブラリー）が「ニュー・スピーク」の名の下で抹消され、人々は抽象的な概念について考えることが不可能になっていました。言葉を封じることで、FREEDOMを奪い取ることは、確かに可能なのです。現実世界においても、中国や日本の実例が証明しています。

権利と自由

ところで、日本の経済学者たちは、未だに「自由貿易」「自由市場」をナイーブに礼賛しています。ちなみに、私は自由貿易や自由市場を全面的に否定したいわけではありません。この世の中は「オールオアナッシング」ではないのです。

日本国民が豊かになり、安全保障が強化されるならば、自由貿易や自由市場も大いに結構。そうでないならば、反対する。ただ、それだけの話です。

当たり前ですが、売買される財・サービスの種類によって、自由貿易、自由市場に対する評価は変わります。例えば、日本国民の生存に不可欠な食料について、

「100％輸入でも問題ない。自由貿易万歳！」
と、主張する人はさすがにいないでしょう。何しろ、外国が天候不順で不作になり、日本への食糧の輸出がストップするだけで、国民が餓死していくのです。さらには、不作が起きなくても、日本へのシーレーン（海上交通路）が、戦争などの事情で使用不可能になるだけで、食料輸入はできなくなります。

国民の生命の源である食料に比べ、例えば宝石などはどうでしょう。ダイヤモンドを手に入れなければ死んでしまう、などと主張する人間はいないでしょう。ダイヤモンドは食べられません。

我々、日本国民の生命や生活を維持する上で「必須ではない」財やサービスについてまで、政府が自由な取引を規制するべきと主張する気はありません。財やサービスの「種類」により、自由貿易や自由な市場取引を制限するか否か、あるいは「どこまで規制するべきか」の判断は変わって当たり前です。

同じ農産物にしても、花卉《かき》類であれば、これまたダイヤモンド同様に、生命にかかわっているわけではありません。それに対し、日本の農産物の市場を全面的に外国に開放し、国内の食料生産者が、安価な輸入農産物との競争に負け、全滅してしまったら？　この場合は、将来的に日本国民の「餓死」のリスクを高めるわけで、自由貿易の全面的な導入を認めるわけにはいきません。

というわけで、自由という響きがいい言葉を使う場合は、色々と注意が必要なのです。以前、TPP（環太平洋経済連携協定）に関し、テレビの討論番組に出演した際に、私に対し、

「三橋さん、TPPは自由貿易です。自由だからやるんです」

と、言い放った人物がいました（竹中平蔵、というお名前の方でした）。

本気で言ったとしたら、頭の中が幼稚園児並みにナイーブです。そうでないとしたら、自由貿易により自己利益の最大化を図るという、邪な政治目的があるとしか思えません。

竹中氏が前者なのか後者なのかは存じませんが、いずれにせよ話はオールオアナッシングではありません。自由貿易を推進したいならば、国内の経済への悪影響、具体的には国内生産者に打撃が生じないよう、加えて国民の安全保障に影響がないよう、注意深くプロセスを進めるのが当然ではないでしょうか。「自由」という響きが良い言葉を連呼し、国民の安全保障弱体化を引き起こしかねない「自由貿易」を推進するなど、政策としてあってはならないことです。

現実問題として、我々は自由の制限を受けることと引き換えに、特定の共同体に属し、権利を認めてもらっています。当たり前ですが、全てを「自由」にしていい、究極のLIBERTYな社会が望ましいというならば、国家は不要でしょう。

ロビンソン・クルーソーの無人島で、フライデーは「人を食べる」自由を失います。代わりに、無人島における「二人の社会」に属し、サバイバルのノウハウを持つロビンソンから様々な知識を授けられ、生き延びることが可能になりました。「生存の権利」を得ることができたと、表現することが可能でしょう。

そもそも、社会とは安定や安全と引き換えに、個々人の自由を制限せざるを得ない存在です。ここでいう「自由の制限」とは、あくまで相対的な話ですのでご注意ください。この手の話をすると、すぐに、

「三橋は自由を全否定し、統制社会を望んでいる」

と、極論を叫ぶ人が出てきますが、究極的な自由と、完全なる統制との間には、それこそ無限のバリエーションがあるのです。

当たり前の話ですが、我々には「人を殺す自由」はありません。なぜでしょうか。倫理的な話ではなく、プラグマティズム（実践主義）で考えてみてください。倫理的には、それはまあ、人を殺すのは良くないことです。とはいえ、考え方は人それぞれ、価値観も千差万別でございますので、

「いや、自分には人を殺す自由がある。自分の殺人行為はむしろ正しい」

と言われると、少なくとも倫理的には対抗しようがありません。価値観が全く異なる人に対しては、倫理は通じません。

我々が殺人や人食いの習慣を嫌悪するのは、単にそういう価値観を持っているためにすぎません。自分の価値観は普遍的なものではあり得ず、全く通用しない相手も普通に存在し得ます。

人食い族だったフライデーは、ロビンソンからキリスト教的な価値観を教え込まれ、自らの「人を食べる自由」を捨てました。つまりは、ロビンソンは同じ社会に属するフライデーに対し、特定の価値観を強要し「人を食べる自由」を制限したことになります。

現実問題として、人間の「人を殺す自由」を制限しない限り、我々の「殺されない権利」は守られません。社会とは、価値観が同じではない、不特定多数の人間の集団なのです。当然ながら、社会を構成する人の権利を認め、それを守ろうとするならば、社会は人々の自由をある程度は制限せざるを得ません。

もちろん、規制という名の「自由の制限」の適正値は、状況によって変わってきます。一例として信号機を挙げますが、人口3600万人を超す世界最大のメガロポリスである東京圏で、「信号機を撤去しよう」と主張する人は、さすがにいないでしょう。とはいえ、見渡す限りの大草原、地平線の向こうまで草地が続くモンゴル高原において、信号機を立てる必要はありませんよね。日本においても、人が暮らす島としては最南端の波照間島など、信号機が存在しない地域もあります。だからといって、

「モンゴル高原や波照間島には信号機はない。東京都の信号機もすべて撤去するべきだ」

と、主張する人はいないでしょう。

ところが、こと自由貿易の話になると、

「アメリカやオーストラリアでは農産物の関税率が日本よりも低く、自由貿易が進んでいる。日本も下げるべきだ」

などと言い出す「ではのかみ」が少なくないわけだから、困ったものです。地平線の向こう側まで農地が続く米豪の農業と、中山間地域などで米や野菜を生産する日本の農業を、同じ土俵で比べてよいはずがありません。


日本は国土の七割が山地や丘陵地であり、平野が少ないのです。国土的条件が異なる以上、米豪などの農業生産国に合わせる必要は全くありません。それにもかかわらず、思考停止的に自由貿易や農産物の関税引き下げを主張する人には、それにより「自分の利益が増える」という理由があるとしか考えられないのです。自らのビジネスのために、日本国民の食料安全保障を犠牲にしようとしている。

だからといって、

「自分の利益最大化のために、日本国民の皆さんの食料安全保障を破壊します」

とは主張できないため、

「自由貿易は自由だからやるんです。米豪などの諸国の農産物と関税率を合わせましょう」

などと、綺麗ごとを叫んでいるのでしょう。

農業といえば、イギリスで産業革命が始まる前の世界において、最も価値がある資産は土地でした。生産性が低く、多くの人々が生存ギリギリの所得しか稼げない時代であり、人々は基本的には土地から得た農産物を消費するだけで、資本蓄積が不可能だったのです。

それでは、個々人が所有している土地とは、一体、いかなる理屈で「個人所有」とされたのでしょうか。つまりは、土地の「権利」でございます。

本来、土地とは「誰のものでもない」はずです。何しろ、土地とは生産物ではありません。初めから、地球上に備え付けられている資源です。

誰のものでもないはずの資源、しかも食料生産に必須の極めて重要な「資産」である土地について「個人所有の権利」を認める。改めて考えてみると、これはかなり過激な考え方です。

社会が存在せず、誰も我々の土地保有の権利を認めてくれないとなると、何しろ生存のために必要な資源です。人々は生存のために「自由」に土地を占拠しようとするため、確実に奪い合いになります。土地をめぐる争いは暴力化し、

「強い者が多くの土地を占有する」

という状況に至りますが、「強い者」であっても、後ろから刃物で刺されたらおしまいです。あるいは、寝ているところを一突きされるだけで、命を奪われる羽目になります。


数千年前の肥沃な三日月地帯（メソポタミアからエジプトにかけた一帯）で、本格的な定住型農耕が始まって以降、人類は何らかの「ルール」を定め、共同体における土地の私有財産権を整備していかなければなりませんでした。何しろ、命に係わる話であるため、土地の奪い合いは命がけの事態に発展しかねません。


社会が土地の私有財産権を認めるとして、一体、いかなる理由で特定の「地面」の占有を認定するのでしょう。例えば『社会契約論』を書いたジャン＝ジャック・ルソーは、土地について本の中で、

「第一に、その土地にまだ誰も住んでいないこと、第二に、みずからの生存に必要な面積だけしか占有しないこと、第三に、空虚な儀礼によってではなく、労働と耕作によってこの土地を占有すること」

と、私的占有が認められる条件を書いています。もっとも、現実の人類史では、他人が住んでおり、しかも自らの生存のために必要な面積をも、はるかに上回る土地の私有が認められてきました。いわゆる「領主」ですね。

中世欧州の歴史は、土地をめぐる封建領主同士の争いで満ちあふれています。というよりも、領主たちの土地争いを上手く収めることも、国王などの重要な仕事の一つでした。当時の欧州は民主制ではなく、君主制を採用していましたが、各人の権利を認める「社会」が存在し、ルールにより自由を制限しているのは同じなのです。社会が定めるルールが存在しない状況では、それこそ各領主たちの暴力による「土地の奪い合い」が起きるだけの話です。

万人の万人に対する闘争

先にも登場したアメリカの心理学者アブラハム・マズローは、「人間は自己実現に向かって絶えず成長する生きものである」との仮定に基づき、人間の欲求五段階を理論化しました。

生理的欲求とは食欲、睡眠欲、排泄欲、性欲などになりますが、日々の食料確保にすら苦労する有様では、人間は「生き延びる」以外の欲求は感じません。生理的欲求が満たされて初めて、人間は次に一段上の「安全欲求」を満たそうとします。安全欲求とは「安心・安全な暮らしへの欲求」ですね。誰も、治安が悪化した街では暮らしたくはありませんし、雇用や所得の安定を求めます。ましてや、家族がいたりした日には、なおさらです。

安全欲求が満たされた人間は、社会（学校、職場など）に受け入れられる「社会的欲求」、社会の人々から尊敬される「承認欲求」、そして自らの価値観に基づき、あるべき姿を目指す「自己実現欲求」へと欲求を進化させます。とはいえ、もちろん現実の我々は「生理的欲求」の段階から、特定の社会に属しています。

それこそ、ロビンソン・クルーソーのように無人島に流れ着いたならば、何しろ「無人」島でございますので、社会は存在しません。社会が無いからこそ、ロビンソンは自らの生命と安全のために全てをつぎ込まなければならなかったのです。

上位の欲求など求めようがなかったロビンソンに対し、我々は比較的容易に、少なくとも「生理的欲求」は満たすことができます。また、日本の場合、犯罪率が相対的に低いため、他の国々と比べて「安全欲求」も満たしやすい国の一つです。例えば、人口十万人当たり殺人発生件数

（2017年）を見ると、ワーストワンが中米のエルサルバドルで61・7人。先進国ではアメリカが5・3人、カナダが1・8人、フランスが1・3人、イギリスが1・2人、ドイツが0・98人。対する日本が0・24人。

テレビなどで同じ凶悪犯罪が繰り返し報じられるため、日本人のいわゆる「体感治安」は悪化しているかもしれません。とはいえ、現実には日本は世界で最も治安が良い国の一つです。十万人当たり殺人件数が日本よりも少ないのは、バチカン市国、リヒテンシュタイン、モナコ、アンドラ、マン島といった、人口がせいぜい数万人のミニ国家と、シンガポール（0・19人）だけです。そして、シンガポールは「明るい北朝鮮」と悪口を言われるほどの統制国家になります。

人口が1億人を超え、しかも、

「国民の自由を大きく制限する代わりに、安全な国家を実現する」

というシンガポール型国家ではないにもかかわらず、殺人が少ない。人口十万人当たりの殺人件数が、シンガポールとほぼ同じという日本の治安の良さは際立っています。

マズローの欲求五段階説は（失礼ながら）なかなか考えられており、「社会に属したい」という社会的欲求を、生理的欲求や安全欲求の上に置いています。つまりは、我々人間にとって、「生き延びる」「安全に生きる」といった欲求は、「社会に属する欲求」よりも優先順位が高いのです。

家族をお持ちの方ならば同意していただけると思いますが、自分一人のことならばともかく、「愛する妻や子供たち」を守り、生き延びさせるためであれば、我々は究極的には社会のルールを無視します。つまりは、権利を認めてくれる社会に逆らい、自由に「生き延びる」「安全に暮らす」を追求しようとするのです。優先順位の理由から、そうせざるを得ません。

ちなみに、自分や家族の生命や安全を犠牲にしても、社会に尽くそうとする人がいるかもしれません。それはもちろん、立派な態度だと思いますし、尊敬されるべき人物です。とはいえ、自分一人ならばともかく、社会のために「子供」を犠牲にしろと言われ、逡巡しない人は、まずいないでしょう。

どちらが正解というよりは、過去の人類史はこの種の葛藤で満ちあふれているという話です。実際、我々の先祖の多くは大東亜戦争を初め、国家・国民を守るための戦争で命を落としました。

現実の社会において、我々は助け合うことなしでは生きていけない。共同体を「共有」する同胞として、助け合う気持ちの究極の形が、「国家や国民、家族を守るために戦争で戦うこと」

なのです。

もちろん、私は戦争を肯定したいわけではありません。とはいえ、世界に利害を共有できない共同体、つまりは「他国」がある以上、国益の衝突が戦争にエスカレートすることは、これはときには避けられないのです。

「いや、日本は話し合いで戦争を回避できる」

というならば、ぜひとも北方領土や竹島を「話し合い」で取り戻してください。あるいは「話し合い」で、中国の海警が尖閣諸島を侵略している現状を何とかしてください。

結局のところ、現実の世界は残酷なのです。我々は共同体に属さなければ、権利を認めてもらえない。共同体を守る者は、最終的には我々しかいないのです。そして、自分の大切な家族が共同体の下で豊かに、安全に生きていくことを可能にするため、最悪、自分の生命の価値を考えなければならない。善悪ではなく、これが過去数千年と続いた人類の歴史であり、文明の真実なのです。

それでも、どうしても戦争は嫌だ。というよりも、そもそも国家のような共同体があるために、戦争が起きるんだ。共同体、社会、国家、全ていらない！

と、戦争嫌悪症が高じて共同体否定の「アイデア」がひらめいた人がいるかもしれません。

るとはいえ、共同体が存在しなかった場合、我々は対外戦争よりも厳しい戦いの中に放り込まれることになります。

すなわち、万人の万人に対する闘争です。

17世紀のイングランド王国の哲学者トマス・ホッブズは、著書『リヴァイアサン』において、国家（ホッブズは「諸政治国家」と呼んでいます）がなくなった際の、我々「人間」の行動について、露骨なまでに「正解」を書いています。

「人びとが、かれらすべてを威圧しておく共通の権力なしに、生活しているときには、かれらは戦争とよばれる状態にあり、そういう戦争は、各人の各人に対する戦争である、ということである。（中略）

したがって、各人が各人の敵である戦争の時代の、帰結として生じることが、どんなことであっても、それと同一のことが、人びとが自分自身のつよさと自分自身の工夫とが与えるもののほかには、なんの保証もなしに生きている時代の、帰結としても生じる。そのような状態においては、勤労のための余地はない。なぜなら、勤労の果実が確実ではないからである。したがって土地の耕作はない。航海も、海路で輸入されうる諸財貨の使用もなく、便利な建築もなく、移動の道具およびおおくの力を必要とするものを動かす道具もなく、地表についての知識もなく、時間の計算もなく、学芸もなく文字もなく社会もなく、そしてもっともわるいことに、継続的な恐怖と暴力による死の危険があり、それで人間の生活は、孤独でまずしく、つらく残忍でみじかい」

念のため、ホッブズは別に国家を礼賛するために、『リヴァイアサン』を書いたわけではありません。人間を自然状態に帰すと、万人に対する万人の闘争が始まってしまうため、国家が必要にならざるを得ないという政治の現実を説いたのです。

ホッブズの描写した「万人の万人に対する闘争（各人の各人に対する戦争）」の姿は、まさしく「究極的に自由な世界」そのものです。何しろ、個々人を縛る「諸政治国家」（ホッブズ）が存在しないのです。

国家が存在しないとなると、誰もがマズローの欲求五段階説の一段階「生理的欲求」や第二段階「安全欲求」を満たすため、互いに生命をチップに争い、必要なものを入手しなければなりません。

さらに、ホッブズの書いている通り、自らの勤労の成果をいつ奪い取られるか分からないとなると、まともな生産活動はできません。生産される財やサービスが増えない、あるいは縮小する中において、生存のために闘いを強いられる。なかなかというか、かなり厳しい世界です。

実際、国内が内戦状態に陥ったソマリア、リビア、シリアなどの諸国は、国家が事実上、消滅し、誰の権利も守られない修羅の世界へと突入しました。人々は生き延びるために奪い合い、さもなければ逃げるしかありませんでした。

２０１１年の民主化デモを皮切りに、内乱状態に陥ったシリアでは、その後の八年間で40万人近くが亡くなり、１２００万という膨大な人々が住まいを追われました。レバノンやトルコなど、周辺諸国に５６０万もの難民が逃れ、難民キャンプで暮らしています。

２０１５年にはシリアから地中海、バルカン半島を経由し、１００万人を超すシリア難民（あるいはアフガニスタン、エリトリア難民）が欧州の先進国に流れ込みます。結果、ドイツを初め、各国で社会問題、政治問題を引き起こしたのはご存知の通りです。

国家と戦争

アサド政権が反政府軍、ＩＳなどのテロリストと血で血を洗う内戦状態に突入して以降のシリアは、さすがに「国家」とは呼べません。少なくとも２０１１年に民主化を求めて戦ったシリアの人々が、その後の無政府状態を望んでいなかったことだけは確かでしょう。もはや誰も、シリア国民の権利を認め、守ることができなくなってしまったのです。

無政府状態は、国家の機能停止とイコールになりますが、逆に国家が機能を強化せざるを得ない状況というのも、普通に起き得ます。非常事態が発生したとき、特に「戦争」に突入した時期です。

戦争状態においては、国家は「外国人」の「殺されない権利」を認めることができなくなります。厳密には、平時においても、別に国家は外国人の諸権利を守っているわけではないのです。もちろん、国内にいる外国人が「外国人だから」という理由で無権利状態に置かれる国は、まず存在しないでしょう。とはいえ、法的には外国に在住している人々の諸権利を守っているのは、国際条約です。

第二次世界大戦後の１９４８年、国際連合で「世界人権宣言」が採択されました。宣言採択後に各国は「国際人権規約」を批准していきましたが、例えば「市民的及び政治的権利に関する国際規約（B規約）」では、

「締約国は、その領域内にあり、かつ、その管轄の下にあるすべての個人に対し、人種、皮膚の色、性、言語、宗教、政治的意見その他の意見、国民的若しくは社会的出身、財産、出生又は他の地位等によるいかなる差別もなしにこの規約において認められる権利を尊重し及び確保することを約束する」

ことが定められています。つまりは、外国人に対し、諸権利について差別的な待遇をしてはならないという意味ですね。「諸権利」の中には、当たり前ですが「生命に対する権利」も含まれています。生命に対する権利とは、

「何人も、法律の定める手続によらなければ、その生命若しくは自由を奪はれ、又はその他の刑罰を科せられない」

となっており、要するに「不法に殺されない権利」です。

国際法において、国際条約は国内法の上位に立ちます。というわけで、国際人権規約を批准した各国は、国内法や憲法を、規約に合わせる形で改訂する義務があります。

我々は外国（※国際人権規約の批准国のみ）で不法に殺されない権利を保有しているわけですが、これは「人間に生まれたために、普遍的に保有している権利」ではありません。我々が外国で保有する、あるいは外国人が日本国内で保有する「生命に対する権利」は、あくまで国家と国際条約という制度や法律により「認められている」のでございます。

つまりは、日本国が消滅し、我々が無国籍者になった時点で、各国における「生命に対する権利」は消滅します。もちろん、生命に対する権利を失ったからといって、いきなり殺される

とは限りませんが、少なくとも我々が殺されずに済む「法的担保」が失われることになるのは間違いありません。

ちなみに、日本は国際人権規約の「経済的、社会的及び文化的権利に関する国際規約（A規約）」及び「市民的及び政治的権利に関する国際規約（B規約）」は、共に批准していますが（1979年）、同規約に関する「選択議定書」については留保しています。理由は、A規約選択議定書が司法権の独立を阻害する可能性があり、B規約選択議定書は死刑制度の廃止を求めているためです。想像がつくと思いますが、アメリカも批准していません。

というわけで、外国人であっても、日本やアメリカにおいて「死刑に処されない権利」は保有していないのです。日本国民やアメリカ国民については、言うまでもありません。

さて、国家が国民や外国人の諸権利を、最大限に制限しなければならない状況が、戦争です。例えば、敵国の軍隊が日本列島のいずれかに上陸し、戦闘行為を行っていたとして、彼ら兵士について「生命に対する権利」が守られると思いますか。もちろん、守られるはずがありません。

もちろん「戦争だから、何をやってもいい」という話にもなりません。戦争においても、各国の政府は「国際法」により行動を制限されます（遵守するかどうかは、別にして）。

国際連合は、憲章において加盟国間での戦争そのものを実質的に禁止しています。というわけで、戦争は「法的」には起きないことになっているのですが、現実はもちろん違います。とはいえ、表向きは「戦争はない」ことになっているため、以前の「戦時国際法」つまりは、戦時下、あるいは軍事衝突下の参戦国に対する規定は、現在は「国際人道法」と呼ばれています(通りがいいので、本稿では戦時国際法を採用しますが)。

戦時国際法は、戦争状態において、あらゆる軍事組織が遵守すべきルールを明文化したものです。例えば、非戦闘員への攻撃の禁止、降伏者や捕獲者といった捕虜に対する人道的な扱い、負傷者や病人に対する医療上の措置、衛生要員や文民に対する保護などになります。大東亜戦争末期の東京大空襲や、広島・長崎への原爆投下など、日本各地を空爆したアメリカ軍の行為は、明確に国際法違反です。

というわけで、戦争中であっても、軍人ではない民間人が、たとえ敵国人であっても殺害する行為は、明確に「殺人罪」となります。何の話をしているのかといえば、傭兵です。

国際連合は1989年に「傭兵の募集、使用、資金供与及び訓練を禁止する条約」を採択し、傭兵の募集や訓練、利用、財政的な支援をした国、および戦闘に参加した傭兵は処罰の対象となります。ただし、アメリカやロシアなどの大国は批准していません。

ちなみに、誤解している人が少なくありませんが、国家が雇った外国人兵士、いわゆる「外人部隊」は傭兵ではなく、国軍兵士として扱われます。それに対し、企業や個人が傭兵を雇用した場合は「非合法戦闘員」となり、人を殺せば「殺人」です。また、傭兵は捕虜になった際に、戦時国際法は適用されません（つまりは、即座に処刑されても文句は言えないのです）。

戦時国際法は、あくまで「国軍の兵士」の諸権利を守るために存在しており、傭兵は対象外になっています。

日本の場合は、何しろ憲法九条が戦闘行為自体を禁止しています。というわけで、日本は「傭兵禁止条約」を批准していません。

2014年、ISの活動に参加するべく、シリア渡航を計画していた日本の26歳の男子学生が「私戦予備および陰謀の罪（刑法第93条）」の容疑で事情徴収を受け、家宅捜索されました。「私戦予備および陰謀の罪」とは、

「外国に対して私的に戦闘行為をする目的で、その準備や陰謀をする罪」

になります。イスラム教徒の男子学生は、事情徴収で、

「シリアでイスラム国に参加し、戦闘員として働くつもりだった」

と、語っていますが、日本において「私戦予備および陰謀の罪」が適用されるという、極めて異例なケースでした。

私戦とは、国家ではなく、私人または民間団体が勝手に外国に対して戦闘行為を行うことを意味します。私戦「予備」罪は未遂ということになりますが、実際に男子学生がシリアでISに参加し、テロ活動などで人を殺めてしまった場合は、普通に殺人罪です。当たり前ですが、ISに対して「戦時国際法」は適用されないため、アサド政府軍などに捕らえられてしまった場合、捕虜としての待遇はないでしょう。

今更、書くまでもないですが、戦争は「起こさない」ことが重要です。とはいえ、異なる共同体同士で武力衝突が起きることは、これは人類の歴史の必然でもあります。

現在の国際法は、最悪、戦争が起きてしまったとしても、可能な限り「互いに人道的な対処をする」ことを約束しているのです。無論、国連憲章では戦争は「起こさない」ことが前提になっていますが、国家間の武力衝突をゼロにすることは不可能であると、現実的な判断もしています。

というわけで、国連は武力衝突について、

①個別的自衛権
②集団的自衛権
③国連による軍事的措置

の三つの武力行使を認めています。

個別的自衛権とは、自国が不当に攻め込まれた際に、自衛の範囲内で反撃する自衛権になります。また、集団的自衛権は、攻撃された当事国と同盟関係にある国が、共に反撃する権利です。そして、国連による軍事的措置とは、文字通り特定国に攻め込んだ国に対し、国連加盟国が一体となり、軍事的制裁を行う措置になります。

日本の場合、憲法九条により武力行使そのものを禁じています。

「日本国憲法　第二章　戦争の放棄　第九条

1項　日本国民は、正義と秩序を基調とする国際平和を誠実に希求し、国権の発動たる戦争と、武力による威嚇又は武力の行使は、国際紛争を解決する手段としては、永久にこれを放棄する。

2項　前項の目的を達するため、陸海空軍その他の戦力は、これを保持しない。国の交戦権は、これを認めない」

もっとも、防衛省は①の個別的自衛権についてはHP上で、

「わが国が独立国である以上、この規定（※憲法九条）は、主権国家としての固有の自衛

権を否定するものではありません」

との見解を示しています。これはまあ、当たり前といえば当たり前ですね。主権とは、他国の意思には支配されない、国家統治の権力という意味です。日本国が（建前上かもしれませんが）主権を持つ国家である以上、自衛力を持つ「権利」はあります。厳密には、他国であっても「日本国の自衛権」は認めます。また、②の集団的自衛権については、

●わが国に対する武力攻撃が発生したこと、またはわが国と密接な関係にある他国に対する武力攻撃が発生し、これによりわが国の存立が脅かされ、国民の生命、自由および幸福追求の権利が根底から覆される明白な危険があること
●これを排除し、わが国の存立を全うし、国民を守るために他に適当な手段がないこと
●必要最小限度の実力行使にとどまるべきこと

という「武力の行使の新三要件」を２０１４年７月１日に閣議決定しています。ただし、③の国連による軍事的措置については、憲法が武力行使を禁じており、日本は「国連軍」に参加することは不可能というのが政府見解です。

また、日本は１９９２年にＰＫＯ協力法（国際平和協力法）を成立させ、ＰＫＯ参加五原則が守られている限りにおいて、ＰＫＦ（国連平和維持軍）への参加は可能との立場を取っています。

PKO参加五原則とは、

⑴紛争当事者の間で停戦合意が成立していること

⑵国連平和維持隊が活動する地域の属する国及び紛争当事者が当該国連平和維持隊の活動及び当該平和維持隊への我が国の参加に同意していること。

⑶当該国連平和維持隊が特定の紛争当事者に偏ることなく、中立的立場を厳守すること。

⑷上記の原則のいずれかが満たされない状況が生じた場合には、我が国から参加した部隊は撤収することができること。

⑸武器の使用は、要員の生命等の防護のための必要最小限のものを基本とすること。受入れ同意が安定的に維持されていることが確認されている場合、いわゆる安全確保業務及びいわゆる駆け付け警護の実施に当たり、自己保存型及び武器等防護を超える武器使用が可能。

という基本方針になりますが、日本の自衛隊がPKFとして「停戦合意」が成立している紛争地に赴き、停戦が破棄されたらどうなるのか。例えば、現地で民間人、特に女性や子供が武装勢力に殺傷されている状況であっても、自衛隊員は「自己の生命を守る最小限」の武器使用しかできないのかなど、色々と考えさせられる状況になっています（要するに「無理がある」という話です）。

本書は憲法九条問題がテーマではありませんので、この辺にしておきますが、いずれにせよ、国家という共同体の構成員（つまりは国民ですが）の諸権利を守るために、武力に訴えざるを得ない状況というのは、現実に起き得るのです。無論、そうならないことが一番ですが、１９４５年以降の日本が戦争に巻き込まれなかったのは、覇権国アメリカに防衛安全保障を依存していたためにすぎません。

アメリカの覇権力が相対的に低下し、中華人民共和国という共産党独裁国のパワーが日増しに高まっている現在、「戦争を起こさないためには、どうしたらいいのか？」を国民一人一人が真剣に考える必要があります。現実的な話を書いておきますと、我が国の防衛力を強化し、アメリカと共に「アジアの軍事バランスを維持する」以外に方法がありません。戦争とは、軍事バランスがいずれかに傾いてしまったときに起きるのです。

防衛安全保障の肝は、

①自国を守る防衛力を保持する

②自国の防衛力強化を、国民が支持する

③防衛力が十分であることを、仮想敵国に伝える

の三つになります。日本の場合、国家や主権の意味を国民の多くが忘れ去ってしまっており、このままではアジアの軍事バランスが一方的に中国に傾いてしまうのではないかと危惧してい

ます。

ちなみに、憲法九条は「戦争の放棄」は定めていますが、外国の犯罪への対処は無関係になります。何を言いたいのかといえば、もちろん北朝鮮により大勢の日本国民が誘拐された拉致事件の話です。拉致事件は「犯罪」であり、国際紛争ではありません。憲法九条が禁じているのは、あくまで「国際紛争を解決する手段としての武力による威嚇又は武力の行使」のみです。北朝鮮に誘拐された拉致被害者は、日本国さらには「日本国民」が守らなければならない「日本国民としての権利」を剥奪された状況にあります。日本国が真の意味で主権国家ならば、あらゆる手段を用い、拉致被害者を取り戻さなければなりません。誘拐犯から被害者を救出することは、国際紛争の解決でも何でもありません。

とはいえ、現実に拉致被害者の救出は進まず、被害者の家族の方々も高齢化し、このままでは「家族」がバラバラのまま一生を終えることになってしまいます。この種の基本的な問題を放置している時点で、我が国は真っ当な主権国家とは言えないのです。共同体を同じくする「日本国民」が権利を奪われている状況を放置することは、やがては我々自身の権利喪失にもつながります。間違いなく。

人権と抵抗権、革命権、自然権

さて、我々が「保有しているように見える」諸権利は、別に普遍的なものではありません。そもそも、あらゆる権利や決まり事の正当性は、価値観により変わってしまいます。つまりは、普遍性はありません。

普遍性とは、時期、場所などとは無関係に、全ての物事に適応、適合するルールのことです。過去から現代に至るまで、全ての人類が共通認識としていた概念など、あるはずがないのです。

例えば、

「人を殺してはならない」

は、現代を生きる日本国民にとっては、あまりにも自明のことのように思えます。とはいえ、小説『ロビンソン・クルーソー』に登場するカリブ海の人食い族にとって、

「人を殺して、食べてはならない」

と言われても、「はあ?」という感じでしょう。何しろ、彼らは先祖代々、異なる部族と戦い、捕虜を殺して食べてきたわけです。

無論、「人を殺して食べるなど残酷だ」と主張するのは簡単ですが、それはあくまで自分の倫理観に基づく判断です。といいますか、人食いももちろん残酷だと思いますが、それを言ったらユーラシア諸国が過去に連綿と行ってきた、残虐な処刑法はどうなのかと言いたくなります。

清教徒革命が挫折し、王政復古に至ったイングランド王国では、チャールズ一世の死刑執行書に署名した革命派が「国王殺し」として、首吊り、内臓抉り、四つ裂きの刑に処せられました。

イングランド王国に限らず、中華帝国や欧州の各王朝の処刑法を羅列すれば、それだけで一冊の本が書けてしまうでしょう。無論、自国民に対して残虐だったのは「王国」には限りません。

フランス革命期、革命政府の国民公会はヴァンデの反乱軍について、「戦争に関わった可能性のある者は、老若男女を問わず、容赦なく殲滅せよ」との命令を下し、実際に何十万人もの「同じフランス人」が殺されました。壊滅した反乱軍の生き残りは、捕虜としてナントに連行され、ロワール川に浮かぶ廃船に積み込まれて溺死させられます。

念のため、私は別に、

「欧州や中国など、ユーラシアの国々も残虐なことをしたのだから、カリブ族の人食いも許される」

などと、相対化をしたいわけではありません。単に、外国人であれ、同胞であれ、同じ人間に残虐な仕打ちをすることは、多くの国々にとって日常だったという、歴史の真実を書いているにすぎません。最も有名な処刑法の一つ、ギロチンによる斬首は、フランスにおいて、それまでの処刑法が残虐すぎるということで「発明」された手法です。そもそもフランスにおいて、瞬時に絶命する斬首刑は、晒《さら》し刑も兼ねていた「一般向け」の絞首刑とは異なり、本来は貴族にのみ許された名誉刑の一種でした。斬首刑が一般市民にも許されたということで、ギロチンは「人道的で名誉なもの」と解釈されます。

欧州の事例ばかりを取り上げていますが、中世欧州で生きる人々が「君主制」の下で苦難の人生を歩まざるを得なかったのは、これまた史実です。だからこそ、人々は「国家」の在り方や「権利」について悩み、ホッブズを初めとする多くの啓蒙思想家が登場したのでしょう。

欧州では様々な思想が生まれ、発展し、軋轢も生みました。

1789年、フランス革命が勃発し、革命政府は「人権」を大々的に標榜することを始めます。人権とは、人間であることに基づく「普遍的」権利とされていますが、実際には普遍性が保障された権利は存在しません。しかも、人権の場合は、何しろ概念が曖昧極まりないため、「人権に反している」と、抽象的に他者を攻撃する際に多用されたのも、歴史的な事実です。

イギリスの保守思想家であるエドマンド・バークは、フランス革命を批判した『フランス革命の省察』において、「人権」を爆弾扱いしています。

「しかも彼ら（※革命派）は、古来の伝統や、過去の議会による決議、憲章、法律のことごとくを、一気に吹き飛ばす爆弾まで持っている。この爆弾は「人権」と呼ばれる。長年の慣習に基づく権利や取り決めなど、人権の前にはすべて無効となる。人権は加減を知らず、妥協を受けつけない。人権の名のもとになされる要求を少しでも拒んだら、インチキで不正だということにされてしまうのだ。人権が出てきた日には、どれだけ長く続いてきた政府であれ、いかに公正で寛大な統治を行ってきた政府であれ、安心してはいられない。人権を旗印にする者は、つねに政府に抵抗する。それも圧政に文句をつけるのではない。統治能力の有無、さらには政府を名乗る資格の有無を問題にしてくるのである。私は『人間の権利』という概念を否定したいのではない。人々が自分たちの真の権利を行使するにあたって、邪魔立てする気も（そんな力が私にあるとしてだが）毛頭ない。人権主義者の振る舞いは、われわれの真の権利を完全に破壊するものにほかならず、彼らのデタラメを批判することと、権利を守ることは矛盾しないのだ」

人権には、基本的人権としての考え方はもちろん、対国家権力の革命権、抵抗権まで、幅広い含意があります。つまりは、人権を振りかざす側にしてみれば、とにかく「自分の不利益を解消したい」場合に、「人権に反している！」と叫べば済んでしまうのです。そして、「人権に反している！」と批判された側は、人権の定義が曖昧であるため、反論が難しく、沈黙を強いられてしまう。

バークは、人権を爆弾扱いした上で、文明「社会」という共同体について、社会が成立することにより得られる利益は、人間の権利となる。善の達成こそが、社会の意義であり、法はそのためのルールである。人間はルールに従って生き、公正に扱われる権利がある、と、現代の価値観に照らし合わせても、実に真っ当なことを書いています。バークによれば、人間は社会全体がもたらす恩恵の中から、正当な分け前を受け取る権利を持ち、「社会の一員として恩恵をもたらすのに貢献し、当の恩恵の分け前をもらう」点において、誰もが平等とのことです。人間は「社会の一員」にならねば、社会から恩恵を受けることもなく、権利を認めてもらうこともない。バークの考え方は、私には実に正しく聞こえます。

バークは1791年に「フランス国民議会議員への手紙」を公表し、

「なるほど確かにフランス国民は主権者になったが、同時にいつ殺されるかわからない奴隷となった」

と、無秩序状態に突入し、恐怖政治が続くフランスを批判。近代保守思想の父と呼ばれています。

ちなみに、人権なる概念は、先にも触れたとおり「基本的人権」として日本国憲法にも採用されています。国連憲章においても、人権保護が規定されているのですが、結局は「国家」や「国際条約」がルールとして定めているという点では、他の諸権利と変わりはありません。つまりは、国家なき民が人権を保障されるわけではないため、やはり「普遍的な権利」という考え方は奇妙に思えます。

ところで、先に「革命権」「抵抗権」という、日本人には耳慣れない言葉を使用しました。抵抗権や革命権は、ほぼ同じ概念ですが、イギリスの政治思想家ジョン・ロックの説が最も有名です。

ホッブズは、人間が国家などの社会、共同体に縛られない「自然状態」では、万人の万人に対する闘争に突入する。闘争を回避するためには、各人が自然状態で有していた自然権（あるいは「自由」ですね）を放棄し、社会的な契約を締結。その契約に基づき発生した主権により、国家が成立したと説きました。

それに対し、ロックはホッブズの考え方を否定し、諸個人は自然状態で自由、平等を享受していたにもかかわらず、様々な不都合が生じたために、自然権の一部を放棄し、社会契約により国家が生じた。社会契約には一定の「契約の条件」があり、専制政治などで契約が守られない場合は、そもそもの主権者である人民は抵抗権を行使できるものとしました。

自然権とは、国家がない状況でも、各人が保有している権利になります。国家がない状況で、誰が各人の権利を認めてくれるのかといえば、欧州思想家にとっては、もちろん「神」になります。

ロックの抵抗権は、アメリカ独立宣言やフランス人権宣言に受け継がれます。アメリカ独立宣言には、

「われわれは、以下の事実を自明のことと信じる。すなわち、すべての人間は生まれながらにして平等であり、その創造主によって、生命、自由、および幸福の追求を含む不可侵の権利を与えられているということ。こうした権利を確保するために、人々の間に政府が樹立され、政府は統治される者の合意に基づいて正当な権力を得る。そして、いかなる形態の政府であれ、政府がこれらの目的に反するようになったときには、人民には政府を改

造または廃止し、新たな政府を樹立し、人民の安全と幸福をもたらす可能性が最も高いと思われる原理をその基盤とし、人民の安全と幸福をもたらす可能性が最も高いと思われる形の権力を組織する権利を有するということ、である」(「アメリカ独立宣言」より抜粋)

と、あります。すなわち、人間は「創造主(神)」により、生命、自由、および幸福の追求を含む不可侵の権利を与えられているという考え方になっているのです。そして、政府が契約に反する行為をした場合は、人民は政府を改造、廃止し、新政府、権力組織を樹立する「権利」を持っている。

要するに、欧州諸国では、君主と人民の対立構造が深刻化し、

「我々は神から不可侵の権利を与えられているにもかかわらず、今の政府は何だ! 我々には抵抗し、新たな政府や国家を作る権利がある」

という発想で権利の概念が発展していったのです。

ちなみに、アメリカがいつまでたっても「銃社会」から脱却できないのは、そもそも建国の思想の一つに「抵抗権」があるためです。銃がないのでは、自分や家族を守れないのはもちろん、いざというときに政府を打倒することもできないではないか、という話です。

様々な事例を取り上げてきましたが、「権利」「自由」「国家」「人権」は、単純に説明、理解

してはならない概念、言葉なのです。

「私には生まれながらの権利がある」

「自由は素晴らしい」

「国家は人民の敵だ」

「人権は守られなければならない」

といったレトリックは、確かに分かりやすい。とはいえ、現実に我々が生きている社会の本質からはかけ離れている。


日本国に生きる全ての人が「自由に生きる権利がある！」と主張し、国家解体を図り、都合が悪くなれば「自分の人権を守れ！」と叫び、争うのでは、国家は存続し得ません。そして、国家という社会共同体が無くなれば、バークではないですが、我々は「社会から恩恵を受ける」ことが不可能になり、間違いなく「万人の万人に対する闘争」に突入することになります。

それゆえ、好き嫌いは別にして、我々は国家という共同体を適正に管理しなければなりません。共同体の管理とは、つまりは「政治」です。それでは、現在の日本において国家のあり方や進路を決める政治制度、すなわち民主制について見てみましょう。

第三章 共同体と民主制

「もし神々からなる人民であれば、この人民は民主政を選択するだろう。これほどに完璧な政体は人間にはふさわしくない」

ジャン＝ジャック・ルソー『社会契約論』

生存の共同体

第Ⅱ章では「権利」と「自由」という観点から、共同体の重要性について解説しました。もっとも、権利だ、自由だといった、やや抽象的な概念を無視したとしても、我々人間が生きる上で、共同体は必須です。理由は、ずばり「生存のため」になります。

世間知らずの子供や若者が、

「自分は一人で生きていける！」

などと、家族に反発するのはよくある話でしょうが、実際に人間が一人で生きていくことは「不可能」とまでは言いませんが、はなはだしく困難です。何しろ、現代を生きる人間のほとんどは「自給自足」の能力を持っていません。

ここでいう自給自足とは、水や食料はもちろん、衣服、住居（いわゆる衣食住ですね）、さらには「安全」といった、生存のために必要なすべてを「ゼロ」から作り出す能力です。要は、大自然の中に着る物一つで放り出され、生き延びることが可能なのか、という話です。道具も何もないので、まずは「石を割る」ことから始める必要があります。

人間は、空気なしでは三分、砂漠などの過酷な環境では三時間、水なしでは三日間、食料なしでは三週間で死に至ります。特に、安全な水を確保するのは、そう簡単な話ではありません。また、多くの植物は「煮炊き」することなしでは、人間は口にすることができません。煮炊きをするためには、当然ながら「火」が必要になります。

道具が一切存在しない状況ですから、まずは石を割り、石器で枝を削り、弓切り式火おこし器を自作しなければなりません。煮炊きの火を確保すると同時に、木炭を手に入れるのです。さらに石器で木の皮を剥ぎ、樹皮をなめし、草や蔓《つる》で組み立て、容器を作り出し、小石、木炭、砂を順番に入れ、濾過装置を製作。あるいは、煮沸消毒を可能にする（本編とは無関係な豆知識ですが、樹皮の鍋を水で満たして直火で煮沸すれば、水の沸点である100度までで死滅する細菌を殺菌することができます）。さもなければ、「安全な水」が飲めないという理由だけで、人間は生き延びられません。

ロビンソン・クルーソーは幸運なことに、難破した船から木材、銃などの武器、道具、鉄製品などを運び出すことができました。もちろん、未踏のカリブ海で遭難している時点で不運なのでしょうが、船が都合よく「浜辺から行き来できる」ところに座礁していなかった場合、ロビンソンはまさしく「着の身着のまま」で無人島に放り出されたことになります。その場合は、一か月とて生き延びることができず、物語はそこで終わってしまっていたでしょう。

『海底二万里』で有名なフランスの小説家、ジュール・ヴェルヌは、明らかにロビンソン・クルーソーに影響を受けたであろう冒険小説『神秘の島』を1874年に発表しています。神秘の島では、アメリカ南北戦争の最中、気球に乗って南軍の拠点、ピッツバーグからの脱出を図った北軍の男たちが嵐に見舞われ、南太平洋の無人島に流されていくシーンから物語が始まります。ロビンソン・クルーソーと異なるのは、男たちは船から武器弾薬、道具を運び出すといった幸運には見舞われず、文字通り着の身着のままで無人島に投げ出された点です。

神秘の島に漂着した男たちの中には、技師のサイラス・スミスがいました。スミスの「知識」により、男たちはその後それなりに文化的な生活を送ることになりますが、それにしても当初は、

「飼い犬の首輪を外し、二枚に割り、研ぐことで刃とする」

「二つの腕時計の蓋を、中に水を入れて貼り付け、レンズとすることで太陽光から火を起こす」

など、着の身着のままとはいっても、手持ちの道具を利用し、ナイフや火付け器を手に入れることになります。本当の意味での「ゼロ」から無人島でサバイバル生活をするならば、まずは「石を割る」から始めなければならず、物語のプロットを造る際に苦労しそうです。

我々は、日常的に様々な「水や食料品」「道具」「構造物」などの財を使っています。あるいは、数えるのも困難なほど多種多様なサービスを利用しているのです。この手の財やサービスは、誰か別の人間が働き、生産してくれたからこそ、我々に供給されています。

例えば、

「スーパーマーケットで国産のお肉を買う」

を考えてみましょう。我々がスーパーマーケットで肉を買った際に、

「自分は、スーパーの肉を手に入れた」

と、思いがちですが、本当にそうでしょうか。

食肉は、スーパーマーケットが生産したわけではありません。スーパーマーケットが「生産」するのは、あくまで、

「食肉を腐敗しないように管理し、安全な形で消費者に提供する」

という、小売りサービスの部分のみです。

元々の畜産物は、国内の畜産業者が「生産」したものです。とはいえ、スーパーに牛や豚がそのまま運び込まれるはずがありません。畜産業者が生産した家畜は、食肉業者に運ばれ、処理されます。スーパーマーケットが入荷するのは、あくまで食肉であり、家畜ではありません。

家畜や食肉は、運送業者により運ばれます。運送業者は、食品や製品を「運ぶサービス」を生産しているのです。

というわけで、スーパーマーケットに新鮮な食肉が届くのですが、実際にはそこに至るまで、さらに膨大な人々が「生産活動」に従事していることを理解してください。スーパーマーケットの店舗を建設したのは、土木・建設業者です。店舗なしで、スーパーマーケットが肉を販売するのは困難です。青空市場では、すぐに傷んでしまうでしょう。

運送業者が利用した「道路」を建設したのもまた、土木・建設業者です。舗装された道路がなければ、運送業者が食肉運送用の高機能な大型トラックを持っていたとしても、宝の持ち腐れというものです。

さらには、運送に使われたトラック、食肉業者やスーパーマーケットの設備は、製造業者が生産したものです（そして、その製造業者が工場内で使っている設備もまた、別の製造業者が生産したものです）。

道路整備の際に使われるアスファルトは、原油が原料となっています。日本は原油の採掘がほとんど不可能であるため、多くは「中東諸国」からインド洋、マラッカ海峡、南シナ海を経由し、海運会社がタンカーで運んできます。つまりは、海運会社がなければ日本は原油を輸入できず、道路のアスファルト舗装が不可能という話になります。

あるいは、海運会社が使用したタンカーは？　日本の造船業者がタンカーを建造しなければ、やはり原油の輸入ができなくなります。

ちなみに、日本は畜産業者が飼育する家畜を育てるために、毎年、数百万トンの穀物（トウモロコシなど）をアメリカから輸入し、配合飼料を造っています。アメリカからの配合飼料（の原料）なしでは、そもそも国内で家畜の飼育が困難になり、食肉価格は跳ね上がることになるでしょう。

加えて、スーパーマーケットも、食肉業者も、畜産業者も、自動車や設備を生産した製造業者も、もちろん造船業者も、間違いなく大量の「電気」を使っています。現代の経済は、電力なしでは成り立ちません。特に、食肉という「鮮度」を重視しなければならない食品の管理には、電気が必須です。スーパーマーケットの冷蔵設備が停電で止まるだけで、我々はどれだけおカネを持っていたとしても、腐敗していない肉を手に入れることは不可能になります。

電気は電力会社が「電力サービス」として生産しています。具体的には、何らかのエネルギーによりタービンを回し、発電する。発電の仕組み自体は、比較的シンプルです。自転車のライトは、タイヤで発電機を回すことで点灯します。電力会社の発電も基本原理は同じで、例えば火力発電は水を沸騰させ、蒸気を送り込むことでタービンを回し、発電機が電力を起こします。

問題は、タービンを回転させるための「エネルギー源」です。特に、現在の日本は原子力発電所のほとんどを停止しているため、原油や天然ガスなどの鉱物性燃料が欠かせません。日本が輸入している鉱物性燃料、特に原油の輸入先のメインは中東諸国です。中東で戦争が勃発し、ペルシャ湾に至るホルムズ海峡が封鎖されるだけで、日本の電力会社は発電が不可能になり、電力サービスの供給がストップします。となると、ただそれだけで、我々が「腐敗していない肉」を手に入れることはできなくなるのです。

いかがですか。特に、現代の日本における皆さんの生活、暮らしは、多種多様な人々が働き、財やサービスを生産し、それらがまさしく有機的に結合されることで、ようやく成立していることが理解できたはずです。

そして、このような現代的な生活を「一人」で実現することは、地球上に住んでいる誰にもできません。畜産にしても、電力供給にしても、すべての業種が極端に高度化し、すべてを理解することは人間には不可能なレベルに達しているためです。つまりは、我々が現代的な水準の生活をするためには、「共同体」が不可欠ということになります。

また、生産性という面から考えても、共同体は必須です。生産性とは何か。分かりやすく書くと、例えば、火を起こすのに薪が必要だったとして、

「一人、一日に何本の薪を割ることができるのか？」

という問題です。

斧を振りかざし、木をたたき割ることを繰り返す。もちろん筋骨隆々な男性は、小学生の子供よりも一日に多くの薪を割ることが可能でしょう。

それでは、小学生の小さな子供が、一日に「生産」する薪の量で、筋骨隆々な男性に勝つことは不可能なのでしょうか。そんなことはありません。

水車を組み立て、川の水が流れることで発生する回転運動を利用し、斧が自動的に上下する仕組みを作ったらどうでしょうか。小学生の子供は、単に薪になりそうな手ごろな材木を、仕掛けにはめ込むだけ。すると、水車のパワーで持ち上げられた巨大な斧が「重力」により落ちてきて、薪を割っていく。

注意しなければ、大怪我をしてしまいそうですが、要するに「自分以外の力」を利用することで、一人当たりの生産の量を増やすことは可能という話です。すなわち、生産性の向上です。

生産性を高めるには、「自分以外の力を利用する」システム、つまりは各種の「道具」を用いた自動化、あるいは機械化の他にも、分業という手段もあります。当たり前ですが、人間の

能力や時間には限りがあります。ならば、各人がそれぞれ専門の分野に特化し、能力に磨きをかけていった方が、間違いなく生産性は上がります。

アダム・スミスは『国富論』で分業の絶大な効果について説明しています。スミスは国富論において「ピンの製造」について取り上げています。

「この仕事にむけて教育を受けたのでもなく、そこで使用されている機械の使いかたを知っているのでもない職人なら、精いっぱい働いても、おそらく一日に一本のピンを造ることも容易ではないだろうし、二〇本造ることなどは間違いなくできないだろう」

ピンの製造工程は、「針金を引き伸ばす」「針金をまっすぐにする」「針金を切断する」「尖らせる」「頭をつけるために先端を削る」「頭をつける」「ピンを白く磨く」といった段階に分かれています。それぞれを別の生産者が担当し、専門特化し、働くことで、スミスが取材したピン工場では、十人で一日に4万8000本という凄まじい量を生産することが可能だったのです。つまりは、一人当たり4800本ですね。

「しかし、もし彼らがみな個々別々に働き、まだだれもがこの特定の仕事にむけて教育されていなかったとすれば、彼らは間違いなく、一人あたり一日に二〇本のピンも、おそらくは一本のピンも造ることができなかっただろう。つまり、彼らが現在ではさまざまな作業の適切な分割と結合の結果なしえていることの、二四〇分の一ではなく、おそらくは四八〇〇分の一でさえなかっただろうということは確実である」(同)

私たちの現在の生活は、大勢の「生産者」が異なる職業に就き、働き、財やサービスを生産する。厳密には「生産性を重視して」生産することにより、成り立っているのです。そして、生産性を高めるためには、適切な分業と自動化、機械化の「システム」が成立している必要があります。さらに言えば、生産者が各種の「道具」を使いこなすことが可能なように、教育が施されていなければなりません。例えば「言葉」が通じない相手に、生産性を高める道具の使い方を説明することは、不可能に近いのではないでしょうか。

またまた『ロビンソン・クルーソー』を例にとりますが、人食い族からフライデーを助けたロビンソンは、当初は「言葉が通じない」ことで苦労をします。もっとも、若いフライデーは瞬く間に英語を習得したため、ロビンソンは意思疎通が可能になりました。結果的に、ロビンソンがそれまでに習得した様々な技術や手法を教え込み、二人の生産性は急激に上がっていきます。

この種の、生産性高く財やサービスを生産するシステムのことを、ドイツの経済学者フリードリヒ・リスト、あるいはカール・マルクスは「生産諸力」と呼んでいます。もっとも、生産諸力とは日本人に聞きなれない響きですので、私は単に「経済力」と表現しています。

国家全体の生産諸力である経済力は、基本的には生産性向上以外では拡大しません。そして、経済力が拡大していくことを「経済成長」といいます。経済成長とは、生産性の向上とイコールであると考えて構いません。もちろん、生産者の増加、つまりは労働人口が増えることも、多少は経済成長に影響します。とはいえ、労働人口がそれほど早く増えることはありませんし、いずれにせよ生産性は、労働人口の増加や減少とは比較にならないほどの速さで変動します。

スミスのピン工場の例をとると、分業や自動化、機械化なしでは、十人の生産者は一日にそれぞれ一本のピンを生産することも不可能でした。それが適切な分業、機械化、機械の操作の教育など、生産諸力を高めることにより、一人当たり４８００本ものピンを製造できるまでに至ったのです。

生産性向上の効果は劇的であり、人口の変動を「誤差」の範囲に押し込めてしまいます。日本では、１９９７年以降の経済の低成長について、

「人口が減っているから、日本経済は成長しない」

などと、無知蒙昧な思い込みをしている人が少なくありませんが、日本の低成長の原因は、デフレーションにより生産性向上が滞っているためです。他に理由は一つもありません。政府

が適切なデフレ対策を打たないため、需要（支出あるいは仕事）が足りない状況が続いており、生産性を高めることができずにいるのです。というよりも、仕事が不足している状況では、生産性を高める必要性がない、という話になってしまいます。

我々は社会あるいは国家という共同体が「システム」として保有する生産諸力に「すがる」形で生きているのです。この現実を、私たちは知る必要があります。

私たちは自らの権利を認めてもらうのみならず、「生存」のためにも、生産者の集団である社会、共同体を必要としているのです。例えば、共同体が持つ農業の生産性が極端に低い場合、ただそれだけで、私たちは飢えに直面し、生存が脅かされることになります。

そして、共同体の生産性の集合が「経済力」になるわけですね。さらに、社会全体の生産性を高めることこそが「経済成長」。経済指標で言えば、実質GDPの成長です。

さて、さらにもう一つ、私たちが何らかの共同体に所属しなければ、普通に暮らすことができない切実な理由があります。それは、非常事態への備えや対処です。

安全保障の共同体

日本国は、世界屈指の自然災害大国です。日本が「自然災害大国ではない」などと言い張る人は、少なくとも日本列島で暮らしている人の中では、一人もいないでしょう。大地震、台風被害、豪雨災害、水害・土砂災害、豪雪災害、火山噴火、高潮など、日本列島はまさに自然災害のデパートです。

日本列島は、ユーラシアプレート、太平洋プレート、北アメリカプレート、フィリピン海プレートという、四つの大陸プレートが交差する真上にあります。そのため、世界のマグニチュード6超の地震の約二割が日本で発生し、さらに活火山の一割が集中しています。

今後30年間に、約70％の確率で「南海トラフ巨大地震」や「首都直下型地震」が発生すると考えられています。南海トラフで想定される最大規模の地震が起きると、太平洋沿岸に巨大な津波が押し寄せ、死者数は最大32万人（！）、経済的な被害は約２２０兆円に達すると予想されているのです。

首都直下型地震は、死者数最大2万3千人。被害額は約96兆円。無論、南海トラフや首都直下以外にも、日本列島で暮らす人間は、誰一人として大震災の脅威から逃れることはできません。比較的、大地震が起きる確率が低いと考えられていた九州中央部でも、２０１６年の熊本地震。震度7を観測する地震が「連続的」に発生したのはご記憶の通りです。現在の気象庁震度階級が制定されて以来、震度7を二回観測した大地震は初めてでした。

また、日本には四季があり、世界の人々が称賛する美しい自然があるのと同時に、国土が細長い弓型で、中央部には２０００メートルを超す山々が連なる脊梁《せきりょう》山脈が走っています。国土の七割を占める山岳地帯は、崩落しやすい地質で構成されており、流れ出る河川は急勾配で、洪水が頻繁に発生します。

特に、近年は毎年のように「過去最大の記録的雨量」と報じられる豪雨が発生しています。東京をはじめとする日本の大都市は、ほとんどが河川の氾濫区域に存在し、しかも軟弱地盤の上です。何しろ、およそ６５００年前まで続いた「縄文海進」と呼ばれる海面上昇期、現在の東京23区や名古屋、大阪などの大都市は海の底でした。

その後、数千年かけて海面が後退し、さらには過去の日本人が長年、土木工事を繰り返し、出来上がったのが日本の大都市であるため、軟弱地盤であるのは、ある意味で当然です。標高が低い海辺寄りの都市部は、高潮というリスクも想定する必要があります。

東京都は２０１８年３月30日、１９３４年の室戸台風と同等の９１０ヘクトパスカルの台風が上陸し、満潮と重なり高潮が発生した場合、東部を中心に東京23区の三分の一、およそ２１２平方キロメートルが浸水するとの想定を公表しました。浸水の深さは、最大で10メートル以上。

また、２０１９年12月３日には、大阪府が高潮の被害想定を発表しましたが、同じく室戸台風に匹敵する巨大台風が大阪沿岸部に上陸し、高潮が発生した場合、大阪市内でも最大５メートルの浸水が予想されます。５メートルの浸水では、建物の１階どころか２階まで水が押し寄せてくることになります。

また、脊梁山脈の北側、つまりは日本海側で暮らしている方は身に染みてご存じでしょうが、日本は世界一の豪雪国でもあります。厳密には、豪雪地域（あるいは「特別豪雪地域」）にこれだけ大都市が存在している国は、他にはないという話ですが、地球上で「最も雪が降る都市」は、青森市です（年間約７９２㎝）。そして、二位が札幌市（４８５㎝）、三位が富山市（３６３㎝）。（※海外メディア“The Richest”「世界の積雪量が多い都市ＴＯＰ10」より）

大震災にせよ、台風直撃にせよ、河川氾濫や土砂災害にせよ、火山噴火にせよ、高潮にせよ、豪雪にせよ、もちろん起きてほしくはありません。ありませんが、残念なことに我が国において自然災害からパーフェクトに自分や家族を守る術はないのです。

毎年、確実に起きる大規模自然災害から、我々自身の身を守るためには、あるいは災害発生後に「生き延びる」ためには、どうしたらいいのでしょうか。

答えは、一つだけです。日本国という共同体を共有する「日本国民」が、非常事態時に（あるいは非常事態に備える際に）互いに助け合うしかありません。例えば、２０１１年３月11日、東北地方太平洋沖地震の発生で沿岸部に数十メートルの高さの津波が押し寄せ、１万５０００人以上の人々の命が奪われた東日本大震災のような「脅威」に対し、我々は個人、一人で立ち向かうことができるでしょうか。

できるわけがないのです。

脅威といえば、現時点で健康な人であっても、いつ何時、負傷する、あるいは病気になるか分かりません。例えば、毎日、注意深く生活し、絶えず衛生を心掛けていたとしても、空気で感染する感染症を防ぐことは、ほぼ不可能です（自宅に一人、死ぬまで閉じこもっているならば別ですが）。

現在は、科学や医療技術が発展し、多くの病については「治す」ことが可能です。とはいえ、ありとあらゆる病気に対する治療法の知識を持ち、さらには医薬品や医療器具などを「個人」で常備している人間は、地球上に一人もいないでしょう。

つまりは、我々は怪我や病気の治療の際に、共同体の生産諸力を頼らざるを得ないのです。共同体としてコストを負担し、病院を建設し、治療室やベッドなどの必要設備を整え、教育・訓練された医師や介護師を配備し、誰かが発病する、あるいは負傷するといったリスクに備える。

当たり前のことのように思えますが、世界の多くの国々は「医療サービスの供給システム」が十分には整備されていません。特に、いわゆる発展途上国では病院がなく、医師もおらず、病や怪我で苦しむ人は「放置」状態に置かれることになります。だからこそ、フランスのパリに本拠をおく「国境なき医師団」のようなNGO（非政府組織）が存在するわけです。

あるいは、国内に医療サービスの制度があったとしても、QCA（クオリティ・コスト・アクセシビリティ）が成り立っていないと、国民は「いざ」というときに苦境に追い込まれることになります。QCAとは、

「品質が高い医療を、適正コストで提供し、病院へのアクセスも容易である」

という三要件です。

医療の品質が低い、というのでは話になりませんが、アメリカのように医療サービスの価格が高騰し、

「おカネを払える富裕層は命が助かるが、貧困層は助からない」

といった状況を望む日本国民は、おそらく一人もいないでしょう。

アメリカで医療サービスを受ける場合の「目安」として、日本医師会HPの「日本と諸外国の医療水準と医療費」の一例を挙げてみたいと思います。

アメリカ（ニューヨーク）で盲腸になってしまった際の治療費が、入院日数1日から3日の場合、約152〜441万円。それに対し、我が国の場合は、6日から7日の入院で、30万円。アメリカ人からしてみれば、日本の「高品質、適正価格」な医療サービスは、まさにこの世の天国のように映ることでしょう。

無論、QとC（品質と費用）が適正であったとしても、病院の数が不十分で、「大都市に行かなければ、まともな治療は受けられない」のでは意味がありません。全国まんべんなく、あらゆる治療が可能な病院を整備するべきだとは言いません。とはいえ、例えば、少なくとも都道府県の県庁所在地には、それなりの総合病院がなければ、アクセシビリティが満たされているとは言えないでしょう。病院で治療すれば、命が助かった。ところが、近隣に対応可能な病院が存在せず、大切な家族が命を失う羽目になった。といった社会を、誰が望むのでしょう。

我々が病気や負傷といった「非常事態」を乗り越えるためには、QCAが維持された医療サービスが不可欠です。そして、ＱＣＡが十分な病院、医師、介護師、治療施設、医薬品の常備は、個人では絶対に不可能なのです。大規模自然災害、病気・負傷と、ある意味で「日常的に起き得る非常事態（変な表現ですが）」について考察すれば、この種の事態の「先」の未来に向かうためには、共同体が必要不可欠であることが理解できると思います。

この手の非常事態に対する「備え」のことを、安全保障と呼びます。安全保障と聞くと、日本人の多くは、

「防衛の話では？」

と、思ってしまいます。とはいえ、安全保障とは、辞書的には、「生存や独立など、価値ある何かに対し、何らかの脅威が及ばぬよう、何かの手段を講じることで、安全な状態を保障すること」という定義になります。「何」が多い定義ですが、安全保障が広い概念の言葉である以上、仕方がありません。

先に取り上げた自然災害や病気・負傷という「脅威」から、国民を守ることを「防災安全保障」「医療安全保障」と呼ぶことにします。２０２０年初頭に勃発した、中国発祥のＣＯＶＩＤ―19感染という危機から「国民を守ること」も、当然ながら医療安全保障の一部です。

安全保障には、防災や医療以外にも、「防衛安全保障（当然ですが）」「防犯安全保障」「食料安全保障」「エネルギー安全保障」「流通安全保障」などがあります。

被災や病気、負傷、疫病や感染症の蔓延はもちろんのこと、敵国の侵略、治安の悪化、食料供給の途絶、エネルギー供給の途絶、流通の崩壊など、私たちを危機に陥らせる非常事態は、常に発生する「可能性」があります。この種の非常事態に、一人では立ち向かえないからこそ、人間は「非常事態に助け合う同胞」として共同体に属さなければならないのです。

助け合わなければ生き延びられないというのは、別に人間に限った話ではありません。野生の草食動物は、群れで暮らしています。敵の接近に最初に気が付いた一匹が警告の叫びを放ち、群れ全体に注意を呼びかけ、被害を最小限に抑えようとするわけです。ジャコウウシなどは、捕食者が接近してくると、大型の雄牛が群れの周囲に壁を作り、敵を寄せ付けません。あるいは、大海のイワシも、あたかも一匹の巨大魚のごとく群れを成して泳ぎ、ハンターの大型魚類を惑わします。

人間にしても、一人で生きていくことはできない。共同体に所属しなければ、権利が認められないのはもちろん、生産諸力の活用や安全保障という面でも「生存」が脅かされる事態になってしまう。

安全保障は、先ほどの「生産諸力」とも密接に関わっています。特に、現在は「電力の文明」と呼んでも過言ではないほどに、人類は電気に依存しています。エネルギー安全保障が崩壊し、電力の供給が止まると、それだけで様々な設備、道具が止まり、生産諸力は壊滅的な打撃を受けてしまいます。より分かりやすく書くと、国民が必要とする財やサービスを入手できなくなってしまうのです。

ところで、安全保障の考え方の基本は「掛け算」です。足し算ではありません。掛け算であるため、どれか一つでも「ゼロ」になると、全てが「ゼロ」になってしまいます。それは、そうですよね。例えば、食料安全保障が崩壊し、国民がまともな食料を手に入れられなくなった国では、防衛力や防災力をどれだけ強化しても無意味です。何しろ、刻一刻と国民が餓死に追い込まれていくのです。

また、エネルギーの供給を絶たれた国、特に電力の供給が不可能になった国は、水道、ガス、通信といった基本的なライフラインの維持ができなくなります。さらには、軍隊にせよ警察にせよ、電気なしでは活動が不可能です。当然ながら、電気が通らない状況では、まともな治療ができませんので、瀕死の病人やけが人が病院に担ぎ込まれたところで、まず助かりません。

さらに言えば、防衛安全保障の脆弱性を突かれ、他国の軍隊に国土を蹂躙された場合、残りの安全保障の全てが無意味となります。

大震災が発生した際は、崩れた建物が道路を塞ぎ、交通が絶たれることになります。となると、行政の救出部隊が駆け付けたとしても、被災現場に辿り着くことができません。まずは、防災安全保障の中心的役割を担う土木・建設会社で働く人たちが、被災地までの「道」を切り開かなければならないのです。被災地周辺に「地元をよく知る土木・建設業者」が存在しなかった場合、警察、消防、自衛隊、さらには医療や流通（運送）の能力がどれだけ秀でていたとしても、被災者は助かりません。

安全保障の各分野を担う機関、行政、生産者は、互いに支え合っている面があり、防衛安全保障を担う自衛隊は、国内電力会社が生産、供給する電気に活動を依存しています。そして、電力を中心とするエネルギー安全保障を維持するためには、島国である日本の場合、軍事力（特に海軍力）で海運の維持、安定を確立する必要があるのです。

例えば、中東の騒乱で日本へのエネルギー（鉱物性燃料）輸入が途絶の危機に見舞われたとしましょう。その場合、本来であれば日本は海上自衛隊をインド洋やペルシャ湾に派遣し、シーレーン（海上交通路）や海運に従事するタンカーを守る必要が生じます。

無論、現在は世界の覇権国であるアメリカ合衆国が、ある程度はシーレーンの安全確保のために動きます。とはいえ、別にアメリカ軍には日本のタンカーを守る義務はないのです。日本の海運や、エネルギー安全保障の維持の責任と義務は、あくまで「日本国」にあります。分かりやすく書くと、アメリカ合衆国やアメリカ軍が、

「日本のエネルギー安全保障を維持し、シーレーンを守るために、アメリカの兵士が死んでも構わない」

などとは「絶対に」考えないという話です。アメリカ軍の究極的な目的は「アメリカ国民を守ること」です。アメリカの安全保障上の都合で、日本国や日本国民を見捨てる必要があれば、普通にそうするでしょう。当たり前すぎるほど、当たり前の話です。

統治における三つの利益

自分たちの「豊かで安全な暮らし」は神様が与えてくれた普遍的な権利である、といったお花畑的な思考から脱却し、リアルに目の前の世界を観ると、人間は特定の共同体、特に「国家」という共同体に属さなければ、普通の生活ができないという現実に気が付くはずです。

人間は、共同体に属さなければ生き延びることができない。特に、国家という共同体を失うと、自らの権利も守られず、各種の生産諸力や安全保障が提供してくれる「サービス」についても、自ら担わなければならなくなる。現実には、そんなことは不可能であるため、人類の多くは「国家の国民」として生きているわけです。そして、国家なき民はクルド人のように、常に苦難を背負いながら、豪風吹き荒れる中、転落すると「死」が確実な綱渡りのような人生を送る羽目になります。

さて、共同体の重要性については、十分以上にご理解いただけたのではないかと思います。次に重要なのは、我々の権利を認め、生産諸力や安全保障に責任を持つべき共同体を、いかにして管理するべきなのか、という点です。

国家の管理のことを、別名「統治」とも呼びますが、社会契約論を書いたジャン＝ジャック・ルソーは、統治あるいは「行政」を担当する者には、利益を求める、三つの意志があるとしています。一つ目は「自己の特殊な利益」、二つ目が「統治者（＝行政官）の利益」、三つ目が「人民または主権者の利益」になります。

三つの利益のうち、人民または主権者の利益、より抽象的に書くと「社会が求める利益」の追求のことを、ルソーは「一般意志」と表現しています。あるいは、国民の「願い」でも構いませんが、政治とは本来は一般意志が求める政策を推進することなのです。

また、第一章で述べた通り政治と政策は違う概念です。例えば、国民の「安全に暮らしたい」という一般意志を実現するために、防災や防犯、防衛の安全保障を強化しよう。これは「政策」です。

それに対し「政治」とは、政策を推進するために、統治力を持ち続けることです。何しろ、あらゆる政治形態において、政策を実現するには「統治力」がなければなりません。別名「権力」と呼んでも構いませんが、政策推進の権力を維持する必要がある。これが「政治」です。

つまりは、

「権力を握るために、政敵を追い落とす」

は、政治であり、政策ではありません。逆に、

「国民の負担を軽減するために、税を軽くする」

は、政策になります。

例えば、国民の苦境を救うために減税という「政策」を推進する場合、そのためには「政治」において、権力、統治力を手にしなければなりません。政治における勝利なしでは、どれだけ素晴らしい政策であっても、実現する可能性はゼロです。これが、人類の歴史であり、現在であり、そして未来でしょう。

ところで、ルソーが三つ目の利益、つまりは一般意志について「人民または主権者の利益」と書いているのは、政治形態によっては、共同体に属している人々に主権が存在しない場合があるためでしょう。というよりも、君主制や寡頭制の場合、共同体に属している一般の人間、いわゆる「人民」に主権はありません。

本来、我々は行政を担う政治家や官僚に、三つ目の「人民または主権者の利益」のみを追求してほしいと考えますが、現実には難しいです。何しろ、あらゆる政治形態において、行政を担当する者は、我々と同じ単なる人間なのです。人間である以上、国家あるいは社会が求める「政策」遂行としての政治ではなく、自己利益の最大化を目指すケースが多々あるのは、これは仕方がない話です。

例えば、自分が暮らす街で震災が発生し、ある公務員の家族が行方不明になったとします。地方自治体の職員にせよ、警察官や消防官、自衛官にせよ、任用される際に誓う「服務の宣誓」に従うならば、家族の捜索よりも被災地全体の救援のために尽力しなければなりません。とはいえ、自らの妻や子供たちの行方が知れない状況で、公益よりも私益を優先し、つまりは職務放棄をして家族を探しに行ってしまった公務員を、我々は責められるでしょうか。

責める人もいるでしょう。というよりも「宣誓」に従う限り、公務員は私益を優先してはいけないのです。とはいえ、私益のために職務放棄した公務員を批判する人は、自らが同じ立場に立ったとしても、公務を優先すると断言できるでしょうか。

これは「善悪」の話をしたいのではありません。人間や社会は、

「そんなものである」

という、ある種の達観した見方が必要という話です。

自宅が震災にあい、それでも公益を優先して職務を全うした公務員は称賛されるべきです。家族の身を案じ、職務放棄に走った公務員は、もちろん批判されるべきではあるのです。それでも、

「自分が同じ立場だったならば、彼(あるいは彼女)と同じことをしたかもしれない」

と、ある程度の理解を示すのが「人間」としては正しいように思えます。我々が生きる世界、あるいは社会は、全てを善悪、オールオアナッシングで切り捨てることができるほど、甘いものではありません。世界は理不尽です。皆さんが思い描くユートピアが地球上のどこにもないように、完璧な聖人君子も存在しません。すべての人間は善人であると同時に、悪人でもあるのです。

それはともかく、二つ目の「統治者(=行政官)の利益」は、少し分かりにくいかもしれません。自己利益ではなく、同時に社会を構成する多くの人々が求める利益、すなわち一般意志

でもない、統治者の利益を追求するとは、具体的には何を意味するのでしょう。

現代の日本の場合、実に分かりやすい例があります。デフレーションという「需要＝支出」不足に長年、国民が苦しんでいながら、主権者たる日本国民の、

「早くデフレから脱却し、働けば豊かになる経済を取り戻してほしい」

という一般意志を無視し、政府の支出削減や、消費税の増税、社会保障費の負担増に邁進する「財務省」です。


第一章で解説した通り、所得は誰かが財やサービスを購入してくれなければ、この世に生まれません。我々が生産する財やサービスに支出してくれる人は、別に誰でも構いません。無論、政府が支出を増やした場合であっても、我々の所得は拡大します。

日本国民の「豊かになりたい」と漠然と願っている一般意志は、具体的には「誰かの支出を増やしたい」とイコールになります。といいますか、誰かが支出することなしで、別の誰かの所得を増やすことは、これはもう神様にも不可能です。

というわけで、日本国民の「豊かになりたい」という一般意志は、実は政府に対して、

「支出を増やしてほしい。我々が稼いだ所得からの徴税を減らしてほしい」

と求めていることになります。


無論、**図1―6（P．37参照）**で紹介した所得創出のプロセスを理解していない日本国民が

多数派であるため、

「え？　政府が支出を増やせば、我々の所得が増えるのか？」

という疑問を持った読者が少なくないと思います。とはいえ、論理的というよりは「物理的」に、政府の支出拡大は、我々働く生産者としての国民の所得を拡大します（無論、例えば政府がアメリカから戦闘機を買った場合、増えるのは日本国民ではなくアメリカ国民の所得になりますが）。

また、政府による税金の徴収が、我々が稼いだ所得から取られていることは、働いている人であれば誰にでも理解できるはずです。多くの国民は、給与明細を見ると「源泉徴収」として、毎月、特定の金額が税金として差し引かれていることを確認できます。

というわけで、政府が国民の「豊かになりたい」「所得を増やしたい」という一般意志を実現したいならば、政府支出を拡大し、減税をする必要があります。

ところが、現実の日本政府は、財務省主導の緊縮財政路線を堅持。国民の防災安全保障や経済成長に大きく貢献する公共投資は、ピーク（95年）の六割未満に縮小し、消費税は97年、14年、19年と、三度も引き上げられました。

ちなみに、**図3―1**（**P．157参照**）は日本の公共投資から「生産」には含まれない用地費などを除いた公的固定資本形成で見ています。なぜ、用地費などを除くのかといえば、土地とは日本の国土にはじめから備え付けられていたもので、誰かが生産することで生まれたわけで

図3-1｜日本の公的固定資本形成の推移（十億円）

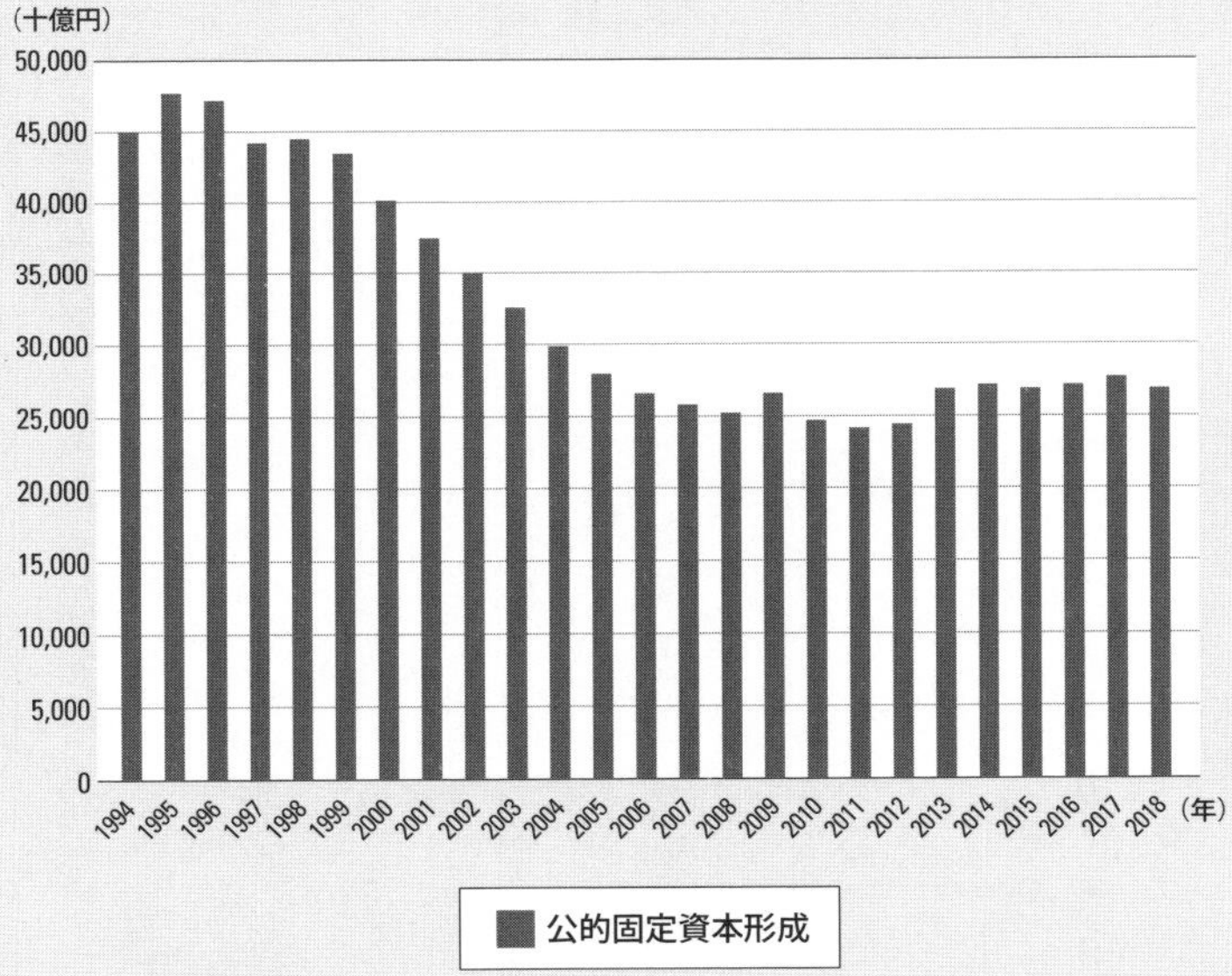

出典：内閣府「国民経済計算」

はなく、生産の合計であるGDPにはカウントしないためです。

公共投資、公的固定資本形成が削減された以上、我々は自然災害に対して脆弱にならざるを得ません。より露骨な書き方をすると、次なる自然災害で「死ぬ」確率が上昇するということになります。

図3―2（P．159参照）は、日本国民であれば誰も逃れることができない、消費税の税収をグラフ化したものです。1988年まで、日本国民は消費税を支払っていませんでした。それが、2019年の見込みは19・4兆円。19・4兆円を日本の総人口で割ると、何と一人頭15万円を超えます。我々は、一人当たり「年間15万円超」もの消費税を負担していることになります。四人家族でいえば、年間60万円（！）。税金の源泉は、もちろん我々が働いて稼いだ所得です。

皆さんの可処分所得が、年間15万円（×世帯の家族人数）多かったら、何に使いますか。色々とやりたいこと、買いたいものがあるのではないでしょうか。

公共投資削減をはじめとする、政府の支出の節約。さらには増税。この二つの「政策」を、まとめて「緊縮財政」と呼びます。緊縮財政という政策は、政府の支出削減分、生産者の所得を減らし、さらには稼いだ所得からの「政府への分配＝徴税」を増やすわけで、間違いなく国民は貧乏になります。

図3-2｜消費税収の推移

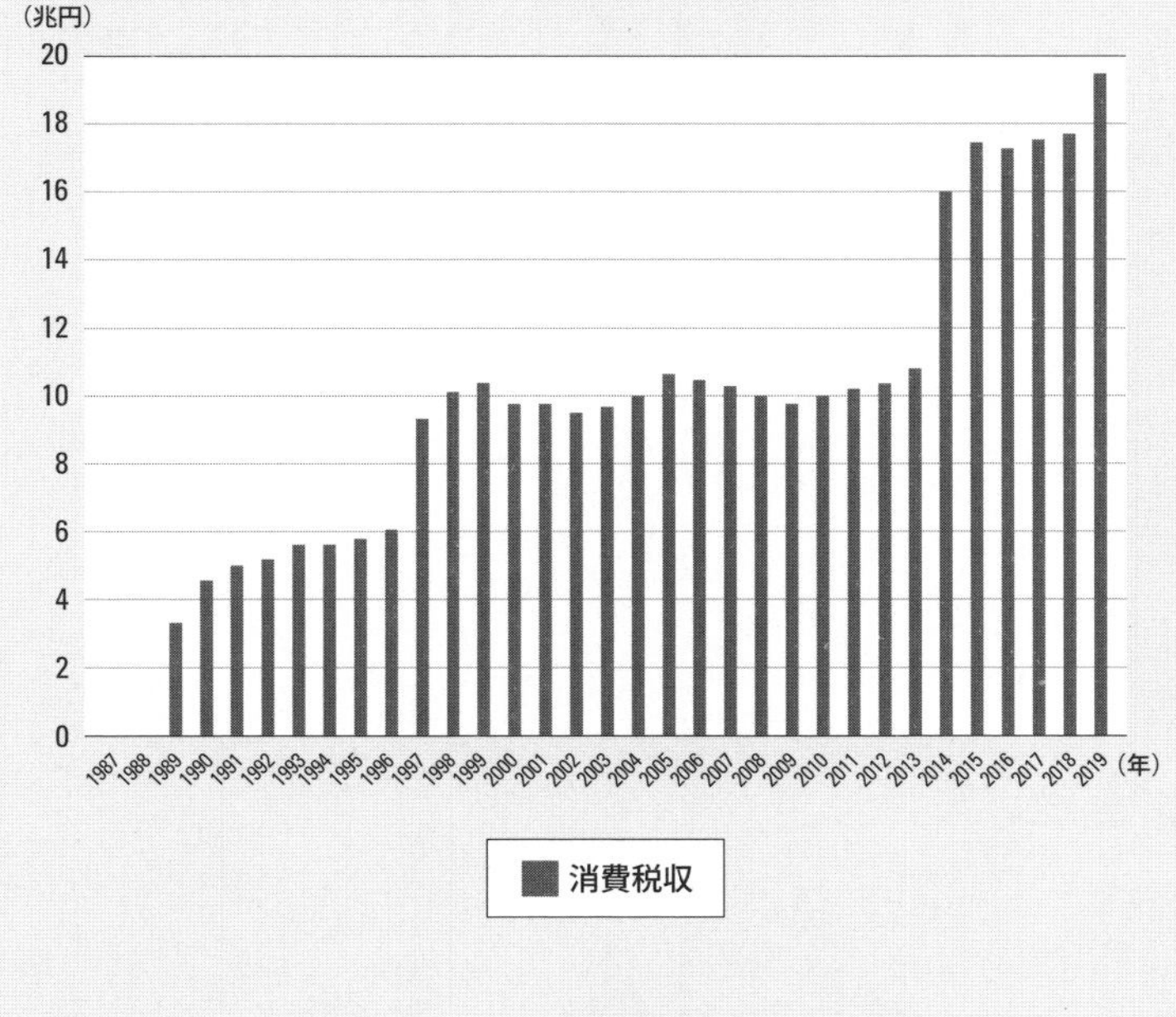

出典：財務省 ※2019年度は見込み

しかも、財務省は消費税を増税した際に、増収分のほとんどを「政府の負債返済」に回してしまいます。つまりは、国債の減額です。何しろ、安倍総理大臣本人が、２０１８年の自民党総裁選挙において、

「来年消費税を引き上げる際に、消費税の使い道を今まで８割を借金返しに使っていたものを、半分を子供たちの世代に教育の無償化、そして幼児教育の無償化などにふり向けてまいります」

と、語っています（「今まで」とは、14年の消費税増税のことです）。日本の消費税が「社会保障の安定化」に使われているとは、完全なる嘘なのです。

お分かりでしょうが、借金返済は消費でも投資でもない。つまりは「支出」ではないため、誰の所得にもなりません。政府が増税し、増収分を負債返済に回してしまうと、単に日本国民が貧しくなる（＝所得が減る）だけの話です。

さすがに、現在の日本で「豊かになりたい」が一般意志であることを否定する人はいないでしょう。さらには、これだけ大規模自然災害が多発している以上、「安全に暮らしたい」も一般意志に含まれると考えるべきです。

多くの国民、国家という共同体に属する人間の集合体、あるいは「社会」の一般意志である「豊かになりたい」「安全に暮らしたい」とは、真逆の結果を引き起こす緊縮財政が、なぜ粛々

と進められているのか。それは、緊縮財政という政策が、財務省という一省庁の「統治者（＝行政官）の利益」になってしまうためです。

「統治者（＝行政官）の利益」とは、つまりは行政組織の利益ということになります。明らかに国民の利益にならない政策が、一般意志に反しているにもかかわらず、組織の論理で推進される。この種のことは、歴史を振り返れば頻繁にあります。

例えば、１９３３年にドイツで政権を握った国家社会主義ドイツ労働者党、通称「ナチス」は、

「東方にドイツ人居住地を拡大し、スラブ人は奴隷化するか、餓死させる」

その名も東方生存圏という、すさまじい構想を掲げていました。東方生存圏とは、ドイツ人の「生存圏」をウラル山脈に至る東ヨーロッパに拡大するという発想です。

結果、第二次世界大戦中、ドイツ軍に占領されたスラブ人居住地域、国名で言えばポーランドやバルト三国、ウクライナを含むソ連などの人々は、まさに生き地獄の中に放り込まれることになりました。

ナチス・ドイツの東方生存圏という恐怖の構想は、ドイツの官僚組織により具体化されていきます。第二次世界大戦前半の軍事的勝利により、当時のドイツはフランス北部、チェコスロ

バキアやポーランド西部にまで広がる「大ドイツ国」となっていました（いわゆる「第三帝国」です）。ナチス・ドイツは大ドイツ国の東部に広がる占領地について、テクノクラートや軍人、専門家たちが考案した「東部総合計画」に従い「ゲルマン化」を進めていきました。具体的には、同地で暮らすスラブ人は3000万人以上をシベリアに追放し、死に追いやる。残りの1400万人は、植民するドイツ人の「奴隷」とするという、怖気を震う「政策」でした。アウシュビッツなどには、ユダヤ人問題を「最終解決」するための、いわゆる絶滅収容所が建てられ、数百万人のユダヤ人が送り込まれ、無慈悲に殺されました。

大ドイツ国に隣接するポーランド総督府では中等教育が禁止され、知識人階級は処刑されていきます。「奴隷階級」に落とすべきスラブ人に、教育は不要であると判断したのでしょう。第二次世界大戦末期、ソ連軍がポーランド総督府を占領したとき、人口は戦前の四割に減少していました。ポーランド総督府で行われたことは、間違いなく「民族浄化」でした。

さて、ナチスという「政党」がドイツの「統治者＝行政官」として遂行した民族浄化は、果たしてドイツ国民の「一般意志」だったのでしょうか。さすがに、そんなはずがありません。あるいは、占領地で虐殺を「効率的」に推進した行政官僚や軍人は「私益」を得ていたのか。そういうケースが皆無とは言いませんが、多くは「上官からの命令」に従い、人類史上最悪の民族浄化行為に手を染めたのです。

一般意志をくみ取ったわけでもない。実行者たちの私益になるわけでもない。それにもかかわらず、ナチス・ドイツの行政官僚や軍人、あるいは協力者たちは、史上最悪の蛮行を可能な限り「効率的」に進めるべく努力した。

人間とは、一体、何なのでしょうか。

「ユダヤ人問題の最終的解決」に関与したドイツの親衛隊将校、アドルフ・アイヒマンは、敗戦後にドイツから脱出。アルゼンチンで逃亡生活を送っていましたが、１９６０年にイスラエルの情報機関モサドに捕捉され、逮捕されます。

アイヒマンはエルサレムで「人道に対する罪」などの罪状で裁判にかけられますが、ナチス・ドイツのユダヤ人虐殺に加担したことについて、

「自分は官僚として命令に従っていただけ」

「命令に従わないと、ドイツの国内法で処罰された」

と、無感情に述べました。

つまりは、アイヒマンは組織の論理に従い、数百万人を死地へと追いやったわけです。しかも、官僚として上官の期待に応えるべく、可能な限り効率的に。

ちなみに、アイヒマンは、生前、

「一人の死は悲劇だが、集団の死は統計上の数字にすぎない」

という言葉を残しています。

現代日本の財務官僚も、別に緊縮財政で国民を貧困化させたところで、私益を得ることはないでしょう。それにもかかわらず、財務行政を管轄する「組織」として、緊縮財政を推進している。そして、財務官僚たちは「上官の期待に応える」べく、国民を死に追いやる緊縮財政のために懸命に努力をする。

ナチス・ドイツという「行政官」は、総統であるヒトラーや、ドイツ人東方植民の最高責任者であったハインリヒ・ヒムラーなど、「個人」の発想により「統治者＝行政官」の狂った利益を追求しました。もちろん、東方生存圏構想は、ドイツの前身プロイセン王国時代から主張されていた考え方ではありました。とはいえ、東方生存圏を具体的な「行政」に落とし込んだのは、間違いなくヒトラーらナチスの幹部たちでした。

それでは、日本の財務省はなぜ、国民を苦しめる緊縮財政を「組織」として推進するのでしょう。緊縮財政が、財務省という「統治者＝行政官」の利益になるのでしょうか。

実質的な利益はゼロでしょう。とはいえ、組織とは一個人のように単純ではありません。

日本の財務省は、前身の大蔵省時代から「緊縮財政」を志向し続けました。大蔵省は１８６

9年に明治政府の金穀出納所、さらには会計官の業務を引き継ぐ形で設立されました。その後、1885年に内閣制度が始まり、初代大蔵大臣として松方正義が就任。松方は、当時の明治政府が不換紙幣を発行していたことを問題視し、銀本位制の導入を目指して緊縮財政を強行。

結果的に、現代同様に日本経済は「松方デフレ」と呼ばれる不況に突入。米や繭など農産物価格が下落し、農民は貧困化、農村は窮乏。所得縮小に耐えかねた農民は農地を売却し、小作農化するか、あるいは都市へと逃亡してきます。しかも、経済的困窮から蜂起する農民が続出し、反政府運動が一気に広まる羽目になりました。

財務省は、大蔵省として発足した当初から緊縮志向だったわけです。

さらには、1929年のアメリカNY株式大暴落をきっかけに始まった世界的な超デフレーション、いわゆる「大恐慌」の時代、大蔵省は井上準之助大蔵大臣の下で金本位制復帰(金解禁)を目指し、やはり緊縮財政を強行。日本経済を「昭和恐慌」に叩き込むことになります。

経済環境の悪化は、人々の政治に対する絶望を、統治者=行政官である政治家への憎悪を呼び起こします。共同体に属する人々の心がすさみ、社会全体にルサンチマンがあふれ、共同体への愛着を持っている人ほど「義憤」からテロリズムに走ることになります。昭和恐慌の直後に、五一五事件や二二六事件という、軍の将校主導のテロが起きたのは、決して偶然ではないのです。

もっとも、考えてみれば、財務省（＝大蔵省）は国家財政の「経理担当」です。日本の財務省では、大げさでも何でもなくＤＮＡとして「節約志向」が各官僚に書き込まれてしまっています。

国家に限らず、企業の経理担当者にしても、支出が増えることや、売上・利益が減ることを嫌悪します。企業の収支をチェックし、きちんと利益が出るように予算や売上を管理することこそが仕事なのです。

例えば企業によっては、営業が顧客に出す見積もりを経理担当がチェックし、十分な利益にならないと判断した場合は、仕事自体をキャンセルさせるケースもあります（私は以前、実際にそういう会社にいたことがあります）。営業からしてみれば、

「今後のビジネスの広がり」

や、

「とにかくケーススタディ（実績）を作り、他の会社に売り込む」

といった理由で、採算ぎりぎりであっても受けたい仕事というものがあるわけです。とはいえ、経理担当の仕事は、あくまでビジネスの採算性を評価することであり、将来的な事業展開などは「It's not my business（私の仕事ではない）」となってしまいます。結果、営業と経理が見積もりを出す、出さないでもめる（もめていました）。

もちろん、私は「利益にならない仕事」の受注にストップをかける経理担当を責めたいわけではありません。営業から猛反発を受けつつも、

「これでは、ビジネス上、ペイしない」

と、自らの職務に忠実に、会計的に適切な判断を下すのも、経理のお仕事です。対する営業側も、短期的な利益ではなく「将来的なビジネス」を見通し、採算ぎりぎりであっても、何とか受注したい。一般企業では、よくあるコンフリクトです。経理も営業も、自らの職に忠実であるわけで、どちらが良い悪い、正しい、間違っているといった問題ではありません。どちらの言い分も、それなりに正当です。

この種のコンフリクトについて、最終的に「自らの責任」に基づき判断を下すのが、企業で言えば「経営者」の仕事になります。

それでは、国家の経理たる財務省の節約DNA、緊縮財政至上主義に対抗し、「豊かになりたい。安全に暮らしたい」

という国民の一般意志を実現するべくマネジメントする役割は、誰が担うのでしょうか。もちろん、政治家です。少なくとも、民主制を採用している国であれば、主権者、有権者である国民の声に応えるために、財務省の節約DNAを抑制し、必要な支出をする、あるいは減税を含めた税制を考案し、行政に指示するべきは国会議員になります。

何しろ、国民には官僚を罷免する権力はありません。国民にできることは、自分たちの一般意志に応じてくれそうな政治家を選ぶこと、あるいは逆に、一般意志を無視しそうな政治家を落選させることだけなのです。

もっとも、ナチスにせよ、財務省にせよ、一般意志に逆らう「統治者＝行政官の利益」を追求するために、政治家の「思考」や一般国民の「世論」をコントロールしようとするので、話は厄介です。直接的なチャネルに加え、大手メディア（新聞、テレビ、ラジオなど）を用いた、情報操作。いわゆるプロパガンダです。

ナチスでプロパガンダを担当したヨーゼフ・ゲッベルスは、

「あなたが十分に大きな嘘を頻繁に繰り返せば、人々は最後にはその嘘を信じるだろう」

と、言いましたが、まさに嘘であっても百回繰り返せば、いつの間にか「大衆」は真実だと思い始めます。

日本の財務省は、現実にはあり得ない「日本の財政破綻」に関する嘘を、様々な経済人、学者、評論家、ジャーナリスト、エコノミストを通じて広めていきました。さらには、国会議員などの政治家には、直接「ご説明」に行き、日本は財政破綻する。緊縮財政を継続しなければならないという「嘘」、厳密には「豊かになりたい。安全に暮らしたい」という一般意志を破壊する「考え方」をインプットしています。

ジョン・メイナード・ケインズは、大著『雇用、利子、お金の一般理論』のラストで、

「経済学者や政治哲学者の思想は、それらが正しい場合も誤っている場合も、通常考えられて

いる以上に強力である。実際、世界を支配しているのはまずこれ以外のものではない。誰の知的影響も受けていないと信じている実務家でさえ、誰かしら過去の経済学者の奴隷であるのが通例である」

と、書いていますが、大げさでも何でもなく、世界を支配しているのは「思想」「考え方」なのです。

財務省のプロパガンダ、分かりやすく書くと「宣伝工作」により、政治家や国民に「日本は財政破綻する」という考え方が浸透してしまうと、政策や世論までもが「豊かになりたい。安全に暮らしたい」という一般意志とかけ離れていきます。

厳密には、一般意志がいつの間にか「増税する。政府の支出を削減する」という緊縮財政路線を肯定してしまうのです。

こうなると、政治家としては、緊縮財政を叫ばない限り当選しないとなってしまい、歪みが継続、拡大していくことになります。一般意志を、特にメディアを活用して捻じ曲げて、統治者の利益を追求することが可能という現実は、間違いなく民主制が持つ弱点の一つです。

民主制という政治形態

ところで、国家の管理手段、すなわち「政治形態」には、大別すると

1君主制
2寡頭制
3民主制

の三つがあります。

またもや、ルソーの社会契約論からの引用になりますが、君主制とは、主権者が政府の任務全体を一人の行政官に集中させる。寡頭制では（ルソーは「貴族制」と呼んでいますが）主権者が、政府を少数の人々に委託する。そして、民主制において主権者は政府を人民の全体または人民の最大多数に委託するとしています。

無論、例えば君主制や寡頭制において、主権者であるはずの人民が、「行政の権力を、あなた方に委託します」といった、何らかの儀式があるわけではありません。

定住農耕において、灌漑事業の「指揮」を執る人間が必要だった。あるいは、遊牧民の間で、他部族と衝突する際の「リーダー」が必要だったのか。大規模農耕や、放牧では、特定の誰かが一族や村人をまとめなければなりません。というわけで、自然発生的に「君主」や「貴族階級」が生じ、世襲制など特定の世代交代のルールにより、階級が固定化していったのでしょう。ルソーの言う「主権者＝一般の人々」とは、あくまで理想論であり、君主制や寡頭制の国において、一般人民には主権がない時代がほとんどでした。要するに、選挙権がないという話です。

ところで、日本の偉大なる地政学者（と、私は考えています）であった梅棹忠夫《うめさおただお》は、ユーラシアの文明を「第一地域」と「第二地域」で評価する文明の生態史観で有名です。文明の生態史観では、ユーラシア諸国（※日本を含みます）の文明は、封建制が発達した第一地域、君主制というよりは「皇帝制」の下で専制政治が続いた第二地域に分けられます。封建制と聞くと「古臭い」と思わるかもしれませんが、とんでもない。実は、民主制の源となったのは、封建制なのです。

興味深いことに、別に打ち合わせをしたわけではないでしょうが、封建制はユーラシア大陸の両端、すなわち西欧と日本で発展しました。封建制が何かといえば、要するに君主に集中していた権力を「分散する」という話です。

封建制とは、君主が家臣を土地に「封じる」制度になります。結果、君主の権力は次第に弱まる。

対する、皇帝制の下では、皇帝はまさに「絶対君主」です。権力は皇帝に集中し、家臣を含む人民には私有財産権すらありません。つまりは、国内の資産についても、全て皇帝の個人所有となるのです。

結果、官僚制度が発達する。当たり前ですが、絶対権力を手中にした皇帝とはいえども、行政まで一人で裁量することはできません。次第に、皇帝に使われる行政官僚たちのパワーが高まっていき、政治は腐敗していきます。何しろ、皇帝の下で裁量権を行使する官僚と「つながる」ことができれば、美味しい果実を手中にすることができるのです。間違いなく、賄賂社会となります。

また、皇帝の専制政治下では、当然ながら家臣や人民の不満が蓄積されていきます。しかも、皇帝を倒し、自らが帝位につけば、絶対権力者になれるのです。自らの支配下の人民に打倒されることを恐れ、皇帝は統制力を強めていきます。必然、皇帝の国は警察国家にならざるを得ず、言論の自由は厳しく制限されることになります。

さらに、私有財産が規制されるため、人民は生産力増強のための投資をしようとはしません。

何しろ、懸命に投資を蓄積し、生産性を高めたとしても、鶴の一声ならぬ皇帝の一声で全財産を奪われる可能性すらあるのです。

それに対し封建制では、封建「領主」というくらいですので、君主に封じられた貴族、騎士、武将などにとって、自らの所領は私有財産です。つまりは、君主ではなく「自分のもの」なのです。封建領主たちは別に君主に命じられなくても、自らの封土を開発し、投資し、生産力を強化しようとします。例えば、典型的な封建時代だった日本の江戸時代、全国各地の「藩主」という名の封建領主たちが地元の経済力強化に邁進したのは、我が国の歴史が教える通りです。

また、意外かもしれませんが、封建制の国は「侵略」に強いです。何しろ、騎士や武将たちは「自分の土地」を守るために、侵略軍に立ち向かうことになります。逆に、皇帝制の国は、侵略に弱い。

典型的な皇帝制の国であった大モンゴル帝国は、ホラズム＝シャー帝国など、同じく皇帝制の国を容易に滅ぼすことができました。皇帝の国において、全ての所有権は「皇帝に属する」のです。帝国の武将たちは、表向きはともかく、皇帝の所有物を守るために命までを賭けようとは思わないでしょう。

それに対し、封建制の国において、貴族や武将の土地は「自分の土地」です。チンギス・ハンの孫であるバトゥに率いられた、大モンゴル帝国の軍隊は、1241年にレグニッツァでポーランド・ドイツ騎士団の連合軍を打ち破ります。とはいえ、その後もポーランドのシュラフタ（いわゆる貴族）やドイツ騎士たちの抵抗はやまず、ポーランド王国や神聖ローマ帝国はモンゴル支配下に組み込まれずに済みました。シュラフタやドイツ騎士たちが諦めなかったのは、もちろん「自分の土地」を守るためです。

また、南宋を滅ぼし、世界の帝王となったクビライ・カーンにしても、日本征服は失敗。二度の元寇が失敗に終わったのは、単純に鎌倉武士の抵抗が凄まじく、元軍は北九州に拠点を築くことすらできなかったためです。そして、鎌倉武士たちが懸命に戦ったのは、自分の所領を守りたい、あるいは所領を増やしたいという執念からでした。

封建制度においては、国王など君主の権力が分散され、領主たちのパワーが高まっていきます。結果、封建領主たちは、さらなる政治力を求め始めます。

「自分たちは国王のために戦い、国土を守っているのだから、政治的発言権があるはずだ」というわけでございまして、西欧諸国で「議会制」が導入されていきます。

当初の議会は「身分」により議席が決まる身分制議会が採用されました。欧州で最も早く身分制議会が開催されたのは、イスラム勢力からイベリア半島を取り戻す「レコンキスタ」の最中にあったキリスト諸王国です。アストゥリアス王国（後に名前が変わり、レオン王国）において、1188年に身分制議会が始まり、他のキリスト諸王国に広まっていきました。

初期の身分制議会の役割は、戦費を賄うための課税に対する協賛、立法に対する請願に限定されていたのですが、それにしても「国王に物申す」場であったのは間違いありません。もっとも、本格的な議会制民主主義は、イベリア半島ではなくイギリス（イングランド王国）から始まります。世界の歴史はイギリスから動くのです。

1214年、フランスと戦争状態にあったイングランドは、ブーヴィーヌの戦いで完敗。敗北したイングランド王ジョン（あだ名は「欠地王」）は、対フランス戦敗北以外にも失政を重ね、国内貴族の怒りを買う羽目になりました。それにもかかわらず、ジョン王はさらなる軍隊を編成せねばならず、貴族たちは自分たちの不満を聞き入れるように国王に求めます。

1215年、ジョン王と貴族たちの交渉が重ねられ、最終的にはマグナ・カルタ（大憲章）という形で妥協が成立。25人の貴族の代表たちは、自らの所領について事実上の自治を獲得したのです。また、マグナ・カルタでは、国王の決定のみでは戦費として税金を徴収できないことも定められました。

ちなみに、ローマ教皇はマグナ・カルタに激怒し、イングランドに対して破棄を命じています。理由は、国王は「神と教会」以外の約束には縛られてはならないため、とのことでした。

国王などの君主の行動に際し、封建領主や貴族たちの「合意」が必要であることを定めた点で、まさにマグナ・カルタは画期的であり、現代に連なる議会制民主主義のはしりなのです。マグナ・カルタ以降、イングランドでは「議会」という制度が発展し、1341年には貴族や聖職者の代表で構成される「上院」と、騎士階級、都市代表が議員となる「下院」による二院制が始まりました。

身分制議会の時代はその後しばらく続きますが、1792年、革命に揺れるフランスにおいて、新たな国民公会を招集するに際し、世界で初めて男子普通選挙が実施されることになりました。具体的には、被選挙権が25歳以上、投票権21歳以上とされ、フランス国籍を持つ全ての成人男子に選挙権が与えられたのです（その後、フランスは一時的に制限選挙に戻りますが）。

ルソーは、『社会契約論』において、はじめに「あるべき姿」として、人民が「一般意志」として主権を持っている。一般意志を包括する主権者が、政府の行政任務を一人の人間に任せたのが君主制、複数の人間に委ねたのが寡頭制であると解説していますが、実際には話が逆です。梅棹忠夫の文明の生態史観の通り、元々は皇帝制に近かった君主国が、封建制の下で権限を分散。貴族や封建領主たちが政治力を増していき、寡頭制の議会が始まり、最終的には民主制が採用され始めたのです。

もっとも、歴史の流れは一方通行ではありません。古代ギリシャ、アテネなどのポリス国家において採用された政治形態は、もちろん女性や奴隷などは選挙権を持てませんでしたが、確かに「民主制」でした。あるいは、古代ローマ帝国は「王政⇒共和政⇒皇帝政」と、政体が変化しました。共和政とはいっても、政治権力は元老院を中心とした貴族が独占する寡頭制でした。ローマ帝国の領域が拡大し、共和政体が行き詰まり、権力の集中が必要になったタイミングで登場したのが、ローマ帝国の初代皇帝ともいえるユリウス・カエサルです。

また、共和政時代のローマでは、重装歩兵部隊を支えたプレブス（平民）階級が、ローマの政治を独占していたパトリキ（貴族）に対し、政治参加を要求し始めました。結果、いわゆる「身分闘争」が起きたのですが、最終的には貴族側が譲歩。平民の権利を擁護する護民官の設置を法律化し、執政官の一人を平民とすることで決着しました。

ジョン王時代のイングランドの貴族たちにせよ、共和政ローマのプレブスにせよ、下からのボトムアップで政治権力は分散され、ルソーの言う一般意志を遂行する行政官は増えていきます。

ボトムアップといえば、フランスで普通選挙が始まったのも、やはり「兵士」たちの政治的発言権を求める声でした。フランス革命において、フランス政府は史上初めて「国民」を兵士として動員する必要に迫られます。それまでの兵士は、各国の君主や封建領主たちの私兵と、カネで雇われる傭兵が中心でした。人類史上初となったフランス「国民軍」は、１７９２年にヴァルミーで、プロイセン王国の傭兵を中心とした旧来型の軍隊に勝利。ヴァルミーの戦いを目撃したゲーテは（ゲーテはプロイセン側で従軍していました）、素人の寄せ集めであるフランス国民軍が勝利したことを受け、

「ここから、そしてこの日から、世界史の新たな時代が始まる」

との言葉を残しています。

フランス革命戦争、そしてナポレオン戦争と、世界は急速に「国民軍」の時代に突入していきましたが、自らの命を賭けて国家のために死地に赴く以上、フランス軍の兵士たちから「自分たちも国政に関与すべきだ」という声が上がって当然です。特に、ナポレオン戦争以降、戦争はそれまでの傭兵や領主の配下ではなく、国民が主役になっていきます。というよりも、戦争規模が次第に大きくなり、国民を動員しなければ戦いようがなくなってしまったのです。結果的に、君主制はもちろんのこと、寡頭制ですら一般の国民の不満を吸収することはできなくなっていきます。

まさに、ルソーのいう「一般意志」を体現する政体が、民主制として形をとっていったのです。といいますか、そもそもルソーは、フランスを中心に活躍し、社会契約説に基づき封建制

や君主制を批判し、フランス革命に大きな影響を与えた啓蒙思想家の一人なのですが。

民主制の弱点

ところで、1804年にナポレオンが皇帝として即位した翌年にフランスで生まれた、政治思想家のアレクシ・ド・トクヴィルは、ジャクソン大統領期のアメリカを旅し、1835年に『アメリカのデモクラシー』という本を刊行しています。『アメリカのデモクラシー』において、トクヴィルは、

「民主制においては、参政権の観念が最下層の市民にまで及んでいる」

と、アメリカの民主制を褒め称えています。ここでいう「参政権」こそが、一般意志を体現する「国家」の主権を、一般の人民が持つという話になります。すなわち、有権者として投票することです。

ちなみに、トクヴィルは同書を、

「アメリカ人は自然の課した障碍《しょうがい》と闘い、ロシア人は人間と争っている。一つは広野と未開と闘い、他はすべての武器を身につけた文明と闘う。また、アメリカ人の征服は働くも

の鍬によって行われるが、ロシア人は兵士の剣で征服する。その目的を達するのに、前者は個人的利益にもとづき、個人の力と理性とを自由に活動させ、これを統制はしない。後者はすべての権力を、いわば一人に集中する。一つは自由を行為の主要な手段とし、他は隷従をとる。その起点は異なり、とる途は違うが、それでも、おのおの、秘められた天意により、いつの日かその手に世界の半分の運命を握るべく召されているかに見える」

と、まるで冷戦時代を予見したような文章で結んでいます。

梅棹忠夫の文明の生態史観で言えば、封建制が発展し、民主制が花開いた第一地域のアメリカ（アメリカは、イギリスの延長線上に存在する国です）。権力を一人の人物に集中させ、剣の力により領域を拡大する第二地域のロシア。現在に至っても、アメリカ、イギリスをはじめとする旧第一地域と、ロシアや中華人民共和国など、言論の自由がなく、西側先進国的な民主制が機能しない（中国はそもそも民主制自体がありませんが）旧第二地域とでは、明らかに政体が異なります。また、アメリカの民主制を褒め称えたトクヴィルですら、

「民主制は普遍的な善である」

といった幼稚な礼賛主義ではなかったことは、注目に値します。少なくともトクヴィルは、典型的な皇帝制の国であったロシアが民主化するなどとは、全く思っていなかったようです。そして、現在のロシア連邦を見る限り、トクヴィルの予想は的中しているように思えます。

トクヴィルが民主制を「普遍的な善」と考えていなかったことは、『アメリカのデモクラシー』の文章から分かります。トクヴィルはアメリカの共和政体の最大のリスクとして、「多数の万能」あるいは「多数の圧政」を挙げています。

民主制においては、「多数（派）の支配の絶対性が、その本質」（トクヴィル）なのです。つまりは、議員の過半数の投票により決められたことは「正統」になります。

そしてそれが「正当」であるかは、全く別の問題です。

民主制を採用している日本国では、「数の暴力」といった言葉が普通に使われます。ニュアンス的には、

「与党が多数派であることをいいことに、議論や少数派の意見を無視して法律を通してしまっている」

といった政権批判になるのでしょうが、少なくとも民主制において多数決は絶対です。無論、議決前に様々な議論を蓄積し、少数派の不利益にも考慮することは必要とは思いますが、それでも多数決は正統なのです。

多数決の正統性を理解するには、その逆、つまりは、

「投票において多数派を構築できなかった少数派が、自分の意見を強引に押し通したい場合に、どうしたらいいのか？」

という命題を考えてみればすぐに分かります。

少なくとも、現在の日本において、国会における投票で少数派になる、つまりは多数決で敗北すると、自らが望む政策が実行に移されない。あるいは、自らが望まない政策が推進されてしまう。

それでも、どうしても、多数決に従えないというならば、それこそテロや革命に訴える以外に手段がないのです。アメリカ人は独立宣言により「抵抗権」「革命権」を保有しているかもしれませんが、少なくとも我が国は違います。日本国は、テロリズムや革命について「個人が保有している権利」として認めていません。

というよりも、ジョン・ロックが想定した抵抗権、革命権は、あくまで君主制や寡頭制など、一般人民に主権がない状況を想定していました。ロックは政治思想家として、イギリスの名誉革命を正当化しようとしたのです。つまりは、国王に対する反逆の理屈付けです。抵抗権や革命権がアメリカ独立宣言や、フランス人権宣言に盛り込まれたのは、そもそもの問題が「専制的な君主制」に対抗することだったためです。

民主制の国、特に普通選挙を実施している国においては、主権は「参政権」という名の権利として国民に保障されています。我々は有権者として、日本国の政治を動かす主権、いわば「国家における権利を定める権利」を保有しています。とはいえ、主権とは万能ではありません。当たり前ですが、自分の思い通りの政治が行われることはないのです。

それでも、どうしても多数決による決定が許せないならば、武器を取り、革命運動に身を投じるか、政治家を暗殺し、テロリストになるか、いずれかしか道はありません。いずれの活動も、社会全体を脅かす「犯罪」です。

当たり前ですが、民主制における多数決による決定が、必ずしも「正しい」わけではありません。ここでいう「正しい」とは、国民の豊かさや安全な暮らしを望む「一般意志」を反映しているという意味です。人々が「豊かに、安全に暮らしたい」と願い、一般意志の実現を求めて投票したものの、結果的に国民を殺し、国家を滅ぼす政策が推進されることは普通にあり得ます。何しろ、国民の豊かさや安全な暮らしを求める「一般意志」と、選択された「政策」の結果がイコールとは限りません。民主制、多数決は、しばしば間違った選択をしてしまいます。

日本では民意によって「多数派」となった自由民主党が、ひたすら国民を貧困化させる緊縮財政を続けてきました。無論、緊縮財政は財務省の省是ではありますが、実行部隊となったのは自民党の政治家たちなのです。繰り返しますが、民主制は普通に間違えます。

人類史上、最も強烈な「民主制の間違い」は、やはり1932年7月のワイマール憲法下で行われたドイツ総選挙でしょう。32年の選挙において、ドイツではついに国家社会主義ドイツ労働者党（ナチス）が第一党の座を占めました。翌1933年1月、ヒトラー内閣が発足。その後のドイツがいかなる道を歩んでいったかは、歴史が教える通りです。

ヒトラー内閣は、民主制により成立したのです。最も多くの有権者が投票した多数決の結果であり、その意味でヒトラー内閣は「正統」に発足しました。正統に成立した政権が、人類史に残る災厄を引き起こした。民主制においては「普通にある話」としか言いようがありません。

つまりは、民主制には少なくとも二つ、

1多数決で決まったことが正統となり、少数派の意見は通らない
2多数決で正統に決まった政策が、主権者の一般意志とはかけ離れた結果をもたらす場合がある

という欠点があるのです。

ルソーも『社会契約論』の第四章で民主制の欠陥について取り上げています。ルソーによると、民主制ほど「内戦」「内乱」が発生しやすい政府はないとのことです。理由は、民主制においては常に政体を変えようとする試みが続くためですが、選挙で多数派を取れなかった少数

派は、普通は暴力には訴えずに次なる機会を待ちます。

民主制において、少数派が言論活動などにより多数派となり、政策を丸ごと変更してしまうこともまた「正統」なのです。そういう意味で、民主制が君主制や寡頭制に比べ、安定性を著しく欠くことは確かでしょう。

「君主制や寡頭制は、民主主義ではない」

と、違和感を持った読者の方が多いかもしれませんが、民主「主義」とは民主制を絶対唯一、普遍的な正しさを持つ制度であるとする、単なる思い込みにすぎません。これまたルソーが書いていますが、

「もし神々からなる人民であれば、この人民は民主制を選択するだろう。これほどに完璧な政体は人間にはふさわしくない」(『社会契約論』より)

というわけでございまして、神ならぬ人の身にとっては、民主制を健全に運用することには大変な苦労を伴います。

例えば、君主制や寡頭制においては、確かに一般の人には主権がありません。とはいえ、君主制における国王や、寡頭制における貴族たちが、一般意志を正しく汲み取り、人民のための真っ当な政策を積極的に行った場合はどうなるでしょうか。

ナチス政権を誕生させてしまった民主制と、正しく一般意志を実現することもできる君主制・

寡頭制では、いずれが望ましいのでしょうか。

答えは「分かりません」です。

第二次世界大戦中のイギリス首相ウィンストン・チャーチルが、戦後の下院の演説で、

「民主制は最悪の政治体制のようだ。過去に試されてきたあらゆる政体を除き」

と、語っているのは有名です。

当たり前ですが、民主制により国民が豊かで安全な暮らしを手に入れるケースもあります。同時に君主制や寡頭制が暴走し、人民が苦難の道を歩む事態になったことも歴史的に珍しいとはいえません。

結局のところ、政治とは「結果」なのです。君主制や寡頭制の下で、奴隷として平和で、安全、かつ豊かな暮らしを享受するか。あるいは、危険を冒してでも主権者として政治に関わり、民主制を存続させるか。

民主制においては、有権者一人一人が主権者としての自覚を持ち、一般意志実現のために努力を強いられる。しかも、民主制においては多数決が間違えることも頻繁にある。さらには、民主制では「少数派」の意見は、最終的には通らない。

それでも、なお民主制という制度を支持するならば、根柢にある「必要不可欠な概念」を理解する必要があります。実は、民主制とは、ある「概念」なしでは健全に成立し得ないのです。

民主制に絶対に必要な概念こそが、国民の連帯意識、すなわち国民意識（ナショナリズム）なのです。

第四章
民主制と国家

「わたしは奴隷の平和よりも、危険な自由を選ぶ」
ポーランド王国　ポズナン県知事　ラファウ・レシチニスキ伯爵

民主制とナショナリズム

前章で解説いたしましたが、民主制とは「多数決」により全てが決定され、分かりやすいと同時に、ある意味では残酷な制度です。何しろ、国民の豊かで安全な生活を確実に実現する政策であっても、多数決で否決されれば実現しないのです。

普通に考えて、国民の豊かさや安全性を高める政策は、一般意志として「正当」だと思います。とはいえ、多数決で「正当」な政策を否定することは、民主制において「正統」なのです。政策としての正しさと、「決めるプロセス」の適正性は異なるのです。正当ではない政策が、正統に決められる可能性がある。これが、多数決を中心とした民主制のシステムです。

さて、多数決で敗れた少数派は、どうするでしょう。次の機会までに、自らの主張が多数派を取れるように、言論活動、政治活動を展開する。

これはまあ、王道なのですが、中長期の話になります。選挙は、それほど頻繁にあるわけではありません。普通は「次の機会」まで、少なくとも数か月の期間があるでしょう。

ここで問題にしたいのは、短期的な話です。正しいはず、あるいは正しいと本人が思っている政策が、多数決に敗れて通らなかった。逆に言えば、自分が納得いかない政策が、多数決により決められてしまった。

その際に重要なのは、

「今回は多数派を取れなかったわけだから、仕方がない」

という諦め感になります。あるいは、納得感です。

少数派が敗北を認め、変な表現ですが、適切な諦め感、納得感を得る。さもなければ、それこそテロや革命に訴えてでも、自らの主張を貫くという話になってしまい、社会は一気に不安定化します。

そして、敗北した少数派に諦め感、納得感を持ってもらうためには、投票した主権者たちに「同じ国民である」という意識が不可欠なのです。つまりは、ナショナリズムです。

ナショナリズムとは、別に「軍靴の音が聞こえる」といった話ではなく、国民同士の連帯感、助け合いの気持ちのことです。外国からの侵略を受けた際に、互いに助け合う「防衛」が、ナショナリズムの一つであることは否定しません。とはいえ、防衛安全保障はナショナリズムの一側面にすぎないのです。

我々は日本列島という世界屈指の自然災害大国で暮らしています。災害が起きた際に、果たして我々は「個人」で生き延びることができるでしょうか。あるいは、家族を守ることが可能なのか。

絶対に無理です。

災害時に、被災者となった我々を助けてくれるのは、誰でしょう。外国、ではありません。別の地方に住む、同じ日本国民なのです。

例えば、2008年5月12日に中国で四川大地震が発生した際、被災者に同情した人は多いでしょう。とはいえ、さすがに自分の全てをなげうってまで、被災者を助けようと考えた日本人はいないはずです。

2011年3月11日、東日本大震災発生。未曽有の大災害を目の当たりにし、被災者を救うために、自分の力の限りを尽くそうと、多くの日本人が考えました。

四川大地震と東日本大震災の何が違うのでしょう。もちろん、被災者の国籍です。四川大地震で被害を受けた人たちは、我々にとって外国人である中国人。それに対し、東日本大震災の被災者は、同じ日本国民でした。

我々は、日本国という国家を共有する同胞であるからこそ、被災地の日本国民を救うべく、全力を尽くしました。復旧、復興のために努力を傾けました。何しろ、次の「大地震」の際に被災者となるのは、我々自身かもしれないのです。被災地には早期に復興してもらい、次なる災害時には「助ける側」に回ってもらうこともあり得ます。

あるいは、2020年初頭のCOVID－19が中国の武漢でアウトブレイクした際に、当初は「中国は大変だなあ」と、文字通り他人事のように考えていた日本国民がほとんどでしょう（別に、責めたいわけではありません）。ところが、COVID－19による感染が日本国内にも広がり、同じ国民の生命が脅かされ始めた。我々はCOVID－19に対する認識を、決定的に変えたはずです。これは、ごく当たり前の心の動きです。

日本国民同士が連帯意識を持ち、非常事態に際して助け合う。これが、ナショナリズムの本質です。

ナショナリズム、つまり「国民意識」は、平時にも重要です。例えば、社会保障。

我々は毎月「保険料」を支払い、社会保障制度を支えています。病気にならず、大きな怪我をすることもない人は、ある意味で保険料の「払い損」になります。とはいえ、病や負傷といった「非常事態」は、いつ、誰に襲いかかるか分からない。

というわけで、我々はナショナリズムに基づき、医療保険などの社会保障制度を構築。互いが互いを支え合う、助け合いの形で非常事態に備えているのです。

例えば、読者の方々は、

「皆さんの稼いだ所得から保険料を徴収し、中国人や韓国人の医療費に使います」

と、言われたらどんな気持ちになるでしょうか。もろ手を挙げて賛成する人は、少数派なのではないでしょうか。


我々は、主権者として日本国の行く末を決める権利を保持しています。さらには、日本国という共同体の構成員は、様々な非常事態に備えるため、あるいは「安全な状況」を維持するために連携してコストを負担する。実際に非常事態が起きた際には、互いに助け合う。

「困ったときは、お互い様」

これが、ナショナリズムなのです。


そして、民主制による意思決定プロセスつまりは「選挙」において、敗者となった少数派は、

「今回は負けたが、同じ国民が決めたことだから」

と、多数派の決定に従わなければなりません。つまりは、ナショナリズムは民主制を適正に運営する上での「基盤」なのです。選挙後のナショナリズムは、勝者にとっても重要です。多数決で勝利したからといって、同じ国民である少数派を全否定してしまったのでは、遺恨が残り、社会は不安定化せざるを得ません。


2016年11月の大統領選挙で、ヒラリー・クリントンを破ったドナルド・トランプ大統領

は、勝利が確定した直後、

「今、クリントン長官〈前国務長官〉から電話がかかってきました。彼女は、私たちを祝ってくれました。これは私たちの勝利です。私も懸命に闘ってきた彼女とご家族を賞賛しました。本当に彼女は懸命に闘いました。ヒラリーは長きにわたり、一生懸命に仕事をしてきました。私たちは国に尽くしてきた彼女に感謝しなければならないことがたくさんあります。これは本当に心から言っていることです。今こそアメリカは分断の傷を癒やしていかなければなりません。団結しなければなりません。全国のすべての共和党員、民主党員、無党派の人々に言います。今こそ私たちは、国民として一致団結するべきです」

と、敗者のヒラリー・クリントンを称え、党派とは関係なく「団結」を呼びかけました。実に立派な「民主主義国のリーダー」としての姿だと思います。

あるいは、２０１９年12月12日のイギリス総選挙で、ブレグジットを掲げたボリス・ジョンソン首相率いる英保守党に大敗した、英労働党のコービン党首は、

「労働党のマニフェストでは国民に希望と結束を訴えたが、労働党にとって残念な夜になった」

と、事実上の「敗北宣言」を行いました。

勝った方がおごらず、少数派の敗者を称える。敗者となった少数派は、潔く「今回の敗北」を認める。この種の民主制を健全に機能させるための態度、姿勢は、ナショナリズムなしでは

絶対に成立しません。

民主制を正常に運用するためにはナショナリズムが不可欠です。となると、国内に居住する外国人に「選挙権」を与えることは、国政参政権はもちろん、地方参政権についても著しく不適切であるとしか表現のしようがありません。何しろ、日本在住の外国人は日本国民の運命共同体ではないのです。

第二章で、アメリカが帰化条件として、「生まれた祖国への忠誠を捨て、法律に従い兵役に従事する」ことを求めていると書きました。国家という共同体の構成員は、いざとなれば「共同体を守るために、外国と戦う」ことが求められます。そうではない、と考える日本人は多いでしょうが、戦後の検閲や、憲法九条的な「平和主義」に洗脳された結果です。「共同体を守るために、外国と戦う」

日本以外の世界の国々においては、当たり前すぎるほど当たり前の考え方なのです。何しろ、共同体を守ることができない場合、人々は「死ぬ」か、あるいは死に等しい苦しみを味あわされる可能性が生じます。

我々日本国民は、日本国から逃げることが困難ですが、外国人は普通にできます。実際、2

011年の東日本大震災発生直後、東京から外国人が一斉に姿を消しました。震災後、福島第一原発が事故を起こしたため、祖国へ戻る外国人が多かったようです。日本から逃げ出した外国人を、責めたいわけではありません。筆者にしても、逆の立場であれば同じことをするでしょう。

重要なのは、非常事態が発生した際に、外国人は逃げることができる。我々、日本国民は逃げられない、という点です。日本列島で、いかなる災厄が起きたとしても、我々はどこにも逃げられず、踏みとどまり、互いに助け合う必要がある。だからこそ、我々が日本の主権者として「一票」を投じることが正当化されるのです。

ナショナリズムを共有しない、外国人に日本国の主権を（たとえ一部であっても）認めるなど、ナンセンスな発想としか言いようがありません。税金を払っている、いないの問題でもありません。日本国家の主権を持つ者は、運命共同体である日本国民に限られなければなりません。無関係な外国人は、自らの祖国で選挙権を行使するべきです。あるいは、本気で日本国と運命、人生を共にする気があるならば、帰化した上で選挙権を持てばいいわけですね。

ブレグジット

ところで、近代型民主制の祖であるイギリスは、昨今、EU（欧州連合）からの離脱問題、いわゆる「ブレグジット」をめぐり、政治が混乱していました。EUは、モノ、ヒト、カネ、サービスといった経営資源の「国境を越えた移動の自由」を実現した、グローバリズムの国際協定です。現在の世界において、最も深化した「自由貿易」の協定といえます。

また、EU加盟国の多くはシェンゲン協定を批准しており、国境を越える際のパスポート検査すらありません。さらに、共通通貨ユーロ加盟国に至っては、互いに為替レートの変動がない、完全固定相場を実現しています。

もっとも、イギリスはシェンゲン協定にも共通通貨ユーロにも加盟していません。

EUの始まりは、第二次世界大戦後の1952年に発足した、欧州石炭鉄鋼共同体になります。1957年には、フランス、西ドイツ、イタリア、ベネルクス三国（ベルギー、オランダ、ルクセンブルク）がローマ条約を締結し、関税同盟としてのEUの歴史が始まります。ローマ条約では、加盟国を「単一の市場」とし、ヒト、モノ、カネ、サービスの国境を越えた移動の自由を保障。

　発足当初のＥＵの理念は、実は四百年にわたり、血で血を洗う戦争を繰り返してきたフランス、ドイツ間の「不戦の誓い」でした。第一次世界大戦、第二次世界大戦と膨大な死傷者を出す大戦争を経て、両国間で「主権国家」が問題とされたのです。つまりは、各国が自国民の主権に基づく政策を推進するからこそ、国家間の利害が衝突し、戦争に至るのではないか、と。特に、フランスはドイツが再び巨大化し、自国への脅威になることを恐れ、欧州共通の家に押し込めようとしました。


　というわけで、当初のＥＵは「関税同盟」「共通市場」という装いだったのですが、将来的には「欧州合衆国」を目指す政治運動でもあったのです。大英帝国の時代から大陸欧州と一線を画していたイギリスは、73年に「経済面の利益」を求め、ＥＣ（当時）に加盟。もっとも、イギリスはシェンゲン協定を批准せず、共通通貨ユーロにも参加しませんでした。

　ある意味で「美味しいところどり」を狙い、それなりに成功していたイギリスの事情が一変したのが２００４年です。２００４年に、ポーランドやハンガリーといった東欧諸国がＥＵに加盟。さらに、２００７年にはルーマニア、ブルガリアなども加盟。

　図４―１（P．２０１参照）の通り、２００６年時点で、英独仏といった西欧諸国と、それ以外の東欧諸国との間には、購買力平価一人当たりＧＮＩ（国民総所得）で、二倍から三倍の開

きがありました。ここまで所得に差があり、かつ「国境を越えた移動」が自由化されたのです。東欧移民が大量に流入することは避けられませんでした。イギリスは国境検査を廃止したシェンゲン協定に加盟しておらず、入国の際にパスポートのチェックはしますが、EU加盟国からの労働者などの流入を制限することはできません。何しろ、EUの憲法ともいえるマーストリヒト条約（正式には「欧州連合条約」）では、

「第2節　人および役務の自由移動
［自由移動］
1．労働者は連合内を自由に移動する権利をもつものとする」

と、労働者の自由移動の権利を認めているのです。イギリス国民には、EU加盟国からの労働者が流入してくることを制限する「権利」は認められていません。

当然の結末として、EUの域内自由移動の権利を行使し、祖国よりも高い賃金水準の雇用や充実した福祉に惹かれ、東欧諸国から多くの移民がイギリスに押し寄せます。イギリスへの移民は、04年から15年までの十一年間で、100万人から300万人に激増。

しかも、イギリス政府は東欧諸国からの移民について、七年間は就労制限をかけることが可能だったにもかかわらず、ブレア政権（当時）は権利を行使しませんでした。つまりは、わざわざ自ら、東欧移民への門戸を開いたのです。

図4-1｜一人当たり購買力平価GNI（USドル・2006年）

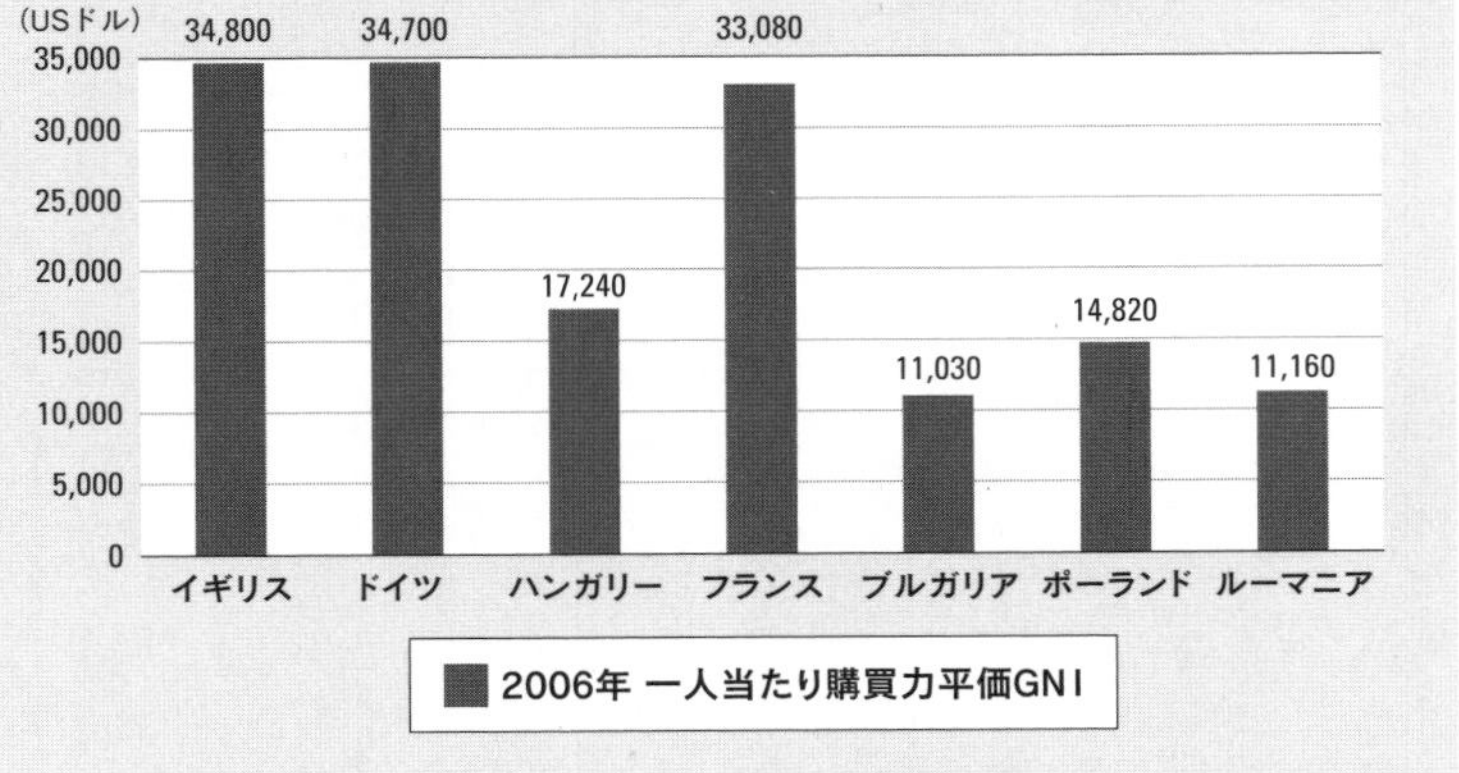

出典：世界銀行

安い賃金で働く移民の激増は、イギリス人労働者への賃金下落圧力となります。移民とネイティブなイギリス人が、賃金の切り下げ競争に突入してしまうのです。

さらには、東欧移民は英語を話せない人が少なくなく、地域コミュニティや職場での軋轢が増えていきます。それにもかかわらず、これまたEUのルールで、移民への社会保障や教育についてはイギリス国民と「同等」とせねばならず、労働者階級を中心に、反EU感情が国民に浸透していきました。

加えて、ブリュッセルのEU本部の官僚たちは、

「掃除機の吸引力を抑えなければならない」

「スーパーで販売されるキュウリやバナナは曲がっていてはいけない」

「性差に基づく保険料設定をしてはいけない」

など、正気とは思えない規制をイギリスに押し付けてきます。先述の通り、国際協定は国内法の上位に立ったため、イギリス政府はEU官僚の指示に従い、国内法を改訂しなければなりません。

関税同盟、統一市場という「経済的利益」のみを求めてEUに加盟したイギリスに、膨大な移民が流入し、賃金を抑制。社会保障や教育面で多大なコストを負担させ、さらにはEU官僚が思いつく謎の規制に従わなければならない。

イギリス国民が「主権を奪われた」と感じるのは当然です。いや、実際にイギリス国民は自国の主権を奪われました。イギリス政界では、「主権を取り戻せ」と叫ぶナイジェル・ファラージ党首率いる「イギリス独立党（UKIP）」が支持を拡大していきます。

国民の反EU感情をなだめるため、保守党のデイヴィッド・キャメロン首相（当時）は、2015年総選挙で「EUからの離脱の是非を問う国民投票」を公約化。キャメロン首相は、国民投票で離脱派が勝つとは微塵も考えておらず、

「離脱派がそれなりに多いことをEU側に示し、移民制限を認めさせる」

という、実にご都合主義的な見通しを持っていたようです。

ところが、2016年6月23日。「イギリスのEUからの離脱の是非を問う国民投票」にお

いて、52％対48％という僅差ではあったものの、離脱派が勝利。離脱派を率いたファラージＵＫＩＰ党首や、ボリス・ジョンソン元ロンドン市長（現首相）なども、離脱派が勝つとは思っていなかったとの説もあります。

ともあれ、イギリスの民主制において「ＥＵ離脱派」が多数派となり、勝利したのは間違いありません。ちなみに、誤解している人が多いでしょうが、16年のイギリス国民投票には、法的拘束力はありません。最終的に決定するのは、あくまでイギリス議会です。16年国民投票は、イギリス議会から国民への諮問、あるいは「お伺い」だったのです。イギリス議会が国民に「いかがですか？」と尋ね、多数派が「離脱」を選択した。

問題は、イギリス議会や国民の間に、「いかなるプロセスでＥＵから離脱を遂げるのか？」のコンセンサスが全くなかったことです。一応、ＥＵのリスボン条約50条に、「離脱国は欧州理事会に離脱を通告し、ＥＵと脱退協定の締結に向けた交渉を行う」とありますが、具体的な内容は定められていません。特に、イギリスの場合は北アイルランドとアイルランド共和国間の「国境」の問題があり、その後の離脱交渉は紛糾に次ぐ紛糾となりました。

ところで、私が16年6月23日のイギリス国民投票により思い知ったのは、まさに「国民投票の危険性」です。イギリスがEUから離脱するのか、残留するのかといった二者択一の選択の場合、妥協の余地はありません。結果、国民が完全に分断されてしまうのです。

実際、国民投票の投票日まで、イギリス国民は残留派と離脱派に真っ二つに分かれ、議論というよりは互いに罵り合い、怒鳴り合い、水をぶっかけ合うという、妥協なき闘争が繰り広げられました。さらに、国民投票で離脱派の勝利が確定したにもかかわらず、残留派は「敗北」を認めません。その後も、残留派の「再度の国民投票」を求めるデモや政治運動が続きます。

2019年3月21日に、EUとの離脱交渉や離脱協定案の議会批准に苦しむテリーザ・メイ首相（当時）は、

「団結しましょう」

と、国民に呼びかけました。その二日後の3月23日。ロンドン市内で残留派による「二度目の国民投票」を求める大規模デモ行進が行われました。主催者発表によると、100万人超の残留派が集まったとのことです。

また、イギリス政府に離脱撤回を求めるオンラインの嘆願書には、一週間で500万超の署名が集まりました。残留派は、

「多数の意見を尊重するのが民主主義だ。考えを変えられないなら、民主主義ではない」

と、主張していました。「多数の意見」が通るのが民主制という点は、確かにその通りです。

とはいえ、残留派は16年の国民投票の「多数決」で敗北し、少数派であることが確定しているわけです。

それにもかかわらず、再度の国民投票を求めるのでは、

「一体、何度、国民投票を繰り返せばいいのだ」

という話になってしまいます。何しろ、再度の国民投票が実現し、次は残留派が勝ったとしても、100％の確率で離脱派が大規模デモを起こし、数百万の署名を嘆願書に集め、

「多数の意見を尊重するのが民主主義だ」

と言い出すに決まっています。

現在のイギリスでは、EU残留派と離脱派との間に「同じ国民である」というナショナリズムが欠如しているように見えます。そして、ナショナリズムの崩壊を決定的に露呈させてしまったのが、16年6月23日の国民投票だったのです。

イギリスは2020年1月31日にEUから離脱しましたが、ブレグジットをめぐる「民主制」の混乱は、しばらくは収まりそうにありません。

そもそも、議会制の間接民主制の国でありながら、重要案件を国民投票に委ねるという手法は、ナチスが得意としていました。ナチスは、ラディカル（過激）な政策を推進する際に、権威付けのために国民投票を利用したのです。具体的には、ヒトラーの総統就任、国際連盟脱退、

オーストリア併合などです。

無論、国民投票や住民投票が一概に「悪」という話ではありません。例えば、スイス連邦は頻繁に国民投票を行い、それなりに機能しています。もっとも、スイスは人口が約850万人と、人口大国ではありません。しかも、スイスの国民投票は議会ではなく国民主導です。何しろ、憲法改正といった重大事項であっても、国民10万人の署名があれば実現するのです。人口大国では不可能でしょう。

日本の人口は1億2000万人を超えていますが、スイスと同様に署名10万人で考えるとすると、人口の0・1%未満の意思が集約されれば、憲法改正の発議ができてしまうことになります。これでは、日本で毎日のように憲法改正の発議がされかねません。

国民投票は、いわば直接民主制です。現在のスイスは国民投票という形でその機能を一部取り入れているわけですが、民主制の語源である古代ギリシャの「デモクラティア」の時代は、まさに直接民主制そのものでした。

厳密には、女性や奴隷、外国人を除く「自由市民」が集まり、議論し、投票する形で政策を決めていたのですが、さすがにポリス国家という「都市国家」でなければ不可能です。また、古代ギリシャの時代から、民主制は様々な欠点を露呈させていました。専門家ではない一般市民が、本当に国家の運命を決する決断をしていいのか。あるいは、その場の「空気」により、悪しき政策が「正統」に進められることにはならないのか。

そもそも、民主制の語源であるデモクラティアとは、「デモス（民衆）」による「クラトス（支配）」という意味なのです。民衆による支配こそが、民主制そのものです。と、書かれると、民主制について「普遍的な善」といった認識は消え去るのではないでしょうか。

古代ギリシャの時代から、民主制が欠陥制度であることは明らかで、批判されてきました。例えば、古代のアテネなどで採用された陶片追放制度。元々は、僭主《せんしゅ》の出現を防ぐための制度だったのですが、陶器の欠片に市民が名前を書き、得票数が多かったものが十年間の国外追放処分となってしまう。当たり前ですが、政敵を追い落とすために陶片追放を利用しようとする者が後を絶たず、サラミスの海戦でペルシャ海軍を打ち破った英雄テミストクレスまでもが、陶片追放制度で国外退去処分になってしまいました。

古代ギリシャの代表的な哲学者の一人プラトンは、民主制について、「国民が横暴になる」「独裁者が生まれやすい」などの理由で、猛烈な批判を展開。現在の日本や世界を見ている限り、「ごもっともです」

としか答えようがありません。

現在の世界各国の多くは、直接民主制ではなく間接民主制を採用しています。つまりは、議会制です。我々国民が選ぶのは「政策」ではなく、政策を議論する「議員」になります。日本の場合は、各種の政策のみならず、憲法改正の発議も議会が行います。

ご存じの通り、日本国憲法は第九章「改正」として、

「〔憲法改正の発議、国民投票及び公布〕

第九十六条　この憲法の改正は、各議院の総議員の三分の二以上の賛成で、国会が、これを発議し、国民に提案してその承認を経なければならない。この承認には、特別の国民投票又は国会の定める選挙の際行はれる投票において、その過半数の賛成を必要とする」

と、定めています。2007年には「日本国憲法の改正手続に関する法律（憲法改正国民投票法）」が成立しているため、国会で発議、承認された場合、我々もまた、2016年のイギリス国民同様に、国民投票の投票所に向かわなければなりません。しかも、ブレグジットのケースとは異なり、憲法改正に際した我々の国民投票は法的拘束力を持ちます。

国民投票。我々の一票が「決定権」を持つと聞くと、何となく魅力的に聞こえる人が少なくないのではないでしょうか。とはいえ「思い切って投票で一気呵成に決める」ことが常に正し

いとは限らないのです。人間の愚かさを舐めてはいけません。

イギリスを中心に発展し、日本でも採用されている間接民主制は、確かに物事が遅々として決まりません。とはいえ、その分、慎重に物事が進むという利点もあります。

なかなか決まらない。と書くと、ネガティブな印象になりますが、この世には「決断するよりも、決断しない方がマシ」という案件が少なくないのです。議会制の間接民主制を採用している国では、「決めない」「物事を進めない」ための各種の仕掛けが用意されています。具体的には二院制や政党政治、あるいは官僚組織です。

55年体制下の日本においては、

「国会がねじれ状態にあると、何も決まらない」

「官僚組織が法案を骨抜きにする」

「政党内の族議員が抵抗勢力となり、改革を遅らせる」

といった「批判」が展開されました。この種のレトリックは、「物事を素早く決めることが常に善である」というイデオロギーに基づいており、危険です。

もちろん、筆者は政治が政策を素早く決定することが「常に悪」と言っているわけではありません。それはもちろん、国民の豊かで安全な暮らしを実現する政策、一般意志を実現する政策が「素早く」決まるケースもあるのでしょう。とはいえ、これは断言しておきますが、政治が素早く決断した政策の多くは、国民を不幸にします。これは確率的に間違いありません。

人類の政治史を見ると、国民が不幸になることが確実であるからこそ、中身について公開せず、クローズドな議論で素早く決める傾向が強いのです。国民のためになる政策が「素早く決まる」ユートピアは、残念ながら存在したことがありません。素早く決まるのは、国民ではなく一部の「誰か」を利する政策であり、その事実を知られたくないからこそ「素早く決める」のです。そんなことは先人たちも理解していたからこそ、議論に議論を重ね、慎重に政策が推進される機能を政治に組み込んだのです。

というわけで、様々な政策的課題について、「国民投票で一気呵成に決める」ことが「常に善」とは限りません。また、ブレグジットが典型ですが、国民投票のテーマによっては、国民が真っ二つに分断され、民主制の肝であるナショナリズムを壊すケースすらあります。最も民主制を体現している（かに見える）国民投票が、ナショナリズムを壊し、民主制を維持不可能にするという皮肉な話です。

例えば、私は憲法九条改正論者です。厳密には、憲法九条第二項が「削除」されることを望んでいます。とはいえ、現時点における「憲法九条第二項削除」の憲法改正には反対します。何しろ、日本国民の多くが主権、国民国家、ナショナリズムといった概念について教育されておらず、

「いかなる手段を用いても国民を守ることが国家の役割」

であることすら知らないのです。

この状況で、憲法九条第二項の破棄の憲法改正が発議されると、間違いなく「国民真っ二つ」の状況になります。国民が分断され、一体感、連帯意識が消滅すると、我が国の民主制は崩壊に向けて驀進する羽目になりかねません（しかも、憲法九条第二項の破棄は、国民投票で否決されかねない）。

結局のところ、議会制も国民投票も、間接民主制も直接民主制も、官僚制も政党政治も、単なる「道具」にすぎないのです。特定の道具を絶対視することは、まさに手段と目的がひっくり返っているわけで、危険な主義、教義です。例えば「民主主義」という言葉は、単なる道具の一つにすぎない民主制を「絶対的な善」と認識する価値観を包有しています。チャーチルやプラトンの例を持ち出さずとも、民主制がいくつもの弱点を抱えていることは、少し考えれば誰にでも理解できます。本書に「民主主義」という「イズム（デモクラティズム）」を示す言葉がほとんど出てこないのは、もちろん故意です。

連合王国とスコットランド

ところで、ブレグジットの混乱はイギリスこと「連合王国」に対し、改めて「連合」王国の難しさを見せつけました。ご存じの通り、イギリスは正式名称が「グレートブリテンおよび北アイルランド連合王国」となっています（通称「連合王国」）。グレートブリテンとは、イングランド王国、ウェールズ大公国、スコットランド王国という三つの国の「連合」になり、イングランド人だけの国というわけではありません。

図4―2（P．213参照）は連合王国の国旗、通称ユニオンフラッグ（あるいはユニオンジャック）です。実は、ユニオンフラッグは、

1白地に赤十字のイングランド王国旗
2青地に白地のクロス十字（聖アンデレ十字）のスコットランド王国旗
3白地に赤いクロス十字のアイルランド王国旗

と、三つの王国の旗を統合したものなのです（ウェールズはどこに行ったのか、という突っ込みはやめてください）。

日本国民のほとんどは理解していませんが、自らを「イギリス人（連合王国人）」と認識しているのは、イングランド人だけです。その他の「イギリス人」は、例えばスコットランド在住であれば、

「自分はネーションとしてはスコットランド人であり、ステイツとしては連合王国の国民である」

という、認識になっています。ネーションとは文化的・民族的「国籍」で、ステイツが政治的な「国籍」になります。あるいは、ネーションは「生まれ故郷を同じくする人々」という意味も持ちます。イングランド人は、日本人同様にネーションとステイツが同一ですが、それ以外の「連合王国の人々」は違うのです。

図4-2｜ユニオンフラッグ

なぜ、スコットランド人などがイングランド人と「ネーション」を共にしていないのかといえば、元々違う国だったためです。「史書」におけるブリテン島の歴史は、紀元前55年にユリウス・カエサル率いるローマ軍がブリテン島に侵攻したのが始まりです。その後、ローマ帝国は西暦43年にも、ブリテン島に軍を送り、早くもロンディニウム、ケルト語で「勇ましい人々の土地」という意味なのですが、ロンドンを建設。ブリテン島の南の地方、イングランドとウェールズは、ブリタニア属州として、次第にローマ化されてい

きます。

ローマ帝国はブリテン島北部、ローマ人はカレドニアと呼んでいましたが、ケルト系のピクト族が多く住んでいたスコットランドにも軍を向けました。西暦83年、ブリタニア総督ユリウス・アグリコラ率いるローマ軍が、モンズ・グロピアスの戦いで、ピクト軍を撃破します。ところが、アグリコラ総督は突如、ローマから呼び戻され、軍を引くことになりました。結果、ピクト族は勢力を拡大。ブリタニア属州に繰り返し軍を送ってくる事態になります。

度重なるピクト族の侵攻に悩まされたローマ帝国のブリタニア属州は、イングランド地方とスコットランド地方の境界に、ハドリアヌス長城を築き、ピクト族の南進を食い止めようとしました。結果、その後もブリテン島は北部のスコットランド、南部のイングランド、ウェールズと、異なる歴史を歩むことになったのです。

5世紀、ローマ軍が撤退すると、ブリテン島には様々な民族が流入してきます。ハドリアヌス長城の南には、ユトランド半島南部出身のアングル人、さらにはドイツのザクセン地方からやってきたサクソン人。北部には、アイルランド島からスコット人が流入。イングランド地方には、アングロ・サクソン七王国が建国されました。そもそも「イングランド」とは、アングル人の土地、という意味なのですが。

スコットランド地方では、スコット人と土着のピクト人が衝突を繰り返します。８４３年、スコット系のダルリアダ王国ケネス・マカルピン王が、ピクト系のオールバ王国軍を撃破。ハイ・キング、ケネス一世として即位し、アルバ王国、後のスコットランド王国が建国されました。

再び、ブリテン島の南側に目を移してみましょう。アングロ・サクソン七王国は、デーン人（いわゆるヴァイキングの一派）の度重なる襲撃を受けますが、９２７年にようやくウェセックス王国のアゼルスタンがイングランドを一応、統一します。つまりはイングランド王国が建国されたわけですが、その後もデーン人の侵略は続きます。ついにはロンドンを落とされ、１０１６年、デーンの王クヌートが、アングロ・サクソンの会議で王に推挙され、イングランド王クヌートとして即位。クヌート大王はデンマーク、ノルウェーの王も兼任。彼の帝国は北海帝国と呼ばれました。

クヌート大王が死去し、ようやく独立を回復したイングランドは、今度は１０６６年に、やはりヴァイキング系で、フランス北部を支配していたノルマン人を率いる、ノルマンディー公ギヨーム二世に侵略されます。サクソン系最後の王となったハロルド二世と、ギヨーム二世の軍がヘイスティングズで激突。宵闇に至る死闘を経て、ハロルド二世は戦死。勝利したギヨーム二世は、ウェストミンスター寺院で戴冠。イングランド国王ウィリアム一世として即位しました。

このウィリアム一世こそが「現在」に続くイングランド王国の始祖で、エリザベス女王陛下の遠いご先祖様です。実は、ウィリアム一世以降の「ノルマン朝イングランド王国」と、それ以前の七王国の流れを汲むイングランドは、名前こそ同じですが、全く「別の国」なのでございます。

スコットランド王国建国が843年。イングランド王国建国が1066年と、実は建国はスコットランドの方が古かったりします。

もっとも、ヘイスティングズ以降のブリテン島では、スコットランド王国が、次第に強国化していくイングランド王国の圧力を受け続けることになります。そして、90年代の映画『ブレイブハート』の悪役として登場した、「ハンマー・オブ・ザ・スコッツ（スコットランド人への鉄槌）」ことエドワード一世の時代になりました。エドワード一世率いるイングランド王国軍は、まずはウェールズ大公国を滅ぼします。イングランド王国の皇太子が「プリンスオブウェールズ（ウェールズ大公）」と名乗るようになったのは、エドワード一世によるウェールズ大公国征服以降のことです。

ウェールズ滅亡後、エドワード一世の牙はスコットランドに向きます。エドワード一世は1

296年、スコットランドに大々的に侵攻。スコットランドのジョン王は降伏し、エドワード一世はスコットランド王国の象徴とでもいうべき運命の石（ストーンオブスクーン）をロンドンに持ち帰ってしまいました。

運命の石は、元々はパレスチナからアイルランドに運ばれ、スコットランドに持ち込まれたといわれる「伝説の岩」です。ダルリアダ王国、アルバ王国、スコットランド王国と、代々の国王は運命の石の上で即位する慣例になっていたため、日本で言えば三種の神器に等しいといえます。エドワード一世は、スコットランド王国の象徴たる運命の石を奪い取り、ウェストミンスター大聖堂の「イングランド国王の玉座」の下にはめ込んでしまいました。今後は、イングランド国王こそがスコットランド国王を兼ねるという宣言です。まさに、ハンマー・オブ・ザ・スコッツの異名そのままですね。

エドワード一世の死後、同作にも登場したロバート・ドゥ・ブルースが独立戦争を戦い抜き、スコットランド王国を再興します。とはいえ、運命の石はロンドンに置かれたままになっており、返還されたのが何と1996年です。スコットランド人は、エドワード一世以降、何と七百年も運命の石をイングランドに奪われたままでした。

その後のイングランド王国とスコットランド王国は、王家の婚姻が相次ぎ、エリザベス一世の死後、1603年にはスコットランド国王ジェームズ六世（スコットランド女王メアリー・スチュワートの息子です）が、イングランド国王（ジェームズ一世）を兼ねるなど、王統が混じっていきます。スコットランドも、イングランドも、共に「ステュワート朝」となったわけですが、それにしても両国は「建国の歴史」がまるで違うのです。

建国史とは、国家の歴史の始まりであり、人間で言えば「生まれ育ち」になります。王統の血縁関係が深まっていき、1707年に「合同法」によりイングランドとスコットランドは一体化。グレートブリテン連合王国の誕生です。とはいえ、実体として存続したのは「イングランド王国」であり、スコットランド側は議会が自らの解散を決議し、独立を放棄した形になりました。だからこそ、連合王国の始まりは1066年のウィリアム一世のイングランド国王即位となっているのです。

元々はノルマン朝イングランドよりも古い国であったスコットランドの人々の「ネーション」は、スコットランド王国なのです。さらに、イングランドとスコットランドは宗教までもが違います。日本人の多くは「英国国教会」という教派があると勘違いしています。実際には「イングランド国教会」と「スコットランド国教会」が存在し、両派はまるで異なる教派です。

運命の石をイングランドに七百年間も奪われたままだった「史実」は、スコットランド人がイングランド人に対し複雑な思いを抱く一因だと思います。

さて、連合王国とスコットランドの関係について理解していただいた上で、話は２０１９年に飛びます。19年12月12日の総選挙では、ボリス・ジョンソン首相率いる「ブレグジット派」の保守党は確かに勝利しました。とはいえ、実はもう一つ、総選挙で勝った政党があるのです。スコットランドの地域政党、スコットランド民族党（ＳＮＰ）も13議席を増やし、48議席を得ました。

スコットランドの全議席数は59議席であるため、何と八割をＳＮＰが抑えたことになります。ＳＮＰは、明確に「連合王国からの独立と、ＥＵ加盟」を掲げて選挙を戦い、スコットランドで圧倒的な勝利を飾りました。

というわけで、実は19年イギリス総選挙の勝利は、全体では「ＥＵ離脱」、スコットランドに限れば「スコットランド独立＝ＥＵ残留」という、ややこしい結果だったのです。

ＳＮＰを初め、現在のスコットランド独立派がよく分からないのは、「連合王国からの離脱！独立！」を叫びつつ、ＥＵへの加盟を希望している点です。

本来的な意味の「独立国」は、防衛面を含めて「自国で安全保障を確立する共同体」でなければなりません。もちろん、各種の「同盟」により、全てを自国で賄う必要は必ずしもないのでしょうが、究極的には「自国で何とかする」という気構えは必要です（そういう意味で、現在の日本は残念ながら真っ当な独立国ではありません)。

何しろ、同盟相手とはいえ「外国」であることに変わりはないのです。同盟相手の国益と、自国の国益が衝突するケースは普通にあります。

例えば、スコットランドが独立したとして、未来永劫「対連合王国の戦争」が勃発しないという保証はありません。そもそも、現在のイングランド王国(ノルマン朝)成立以降、スコットランドは度重なる「南からの侵略」に苦しめられた歴史を持ちます。

もっとも、イングランドとスコットランドは、1707年の合同法以降「連合王国」として、共に度重なる戦争を勝ち抜いてきました。それでもなお、スコットランド人は連合王国とは「別の国」であることを望むのでしょうか。

本気でスコットランドの人々が連合王国からの離脱を望むとなると、これは「元々、連合王国としてのナショナリズムが成立していなかった」としか説明のしようがないのです。2019年総選挙を受け、連合王国がEUから離脱することが決定しました。とはいえ、スコットランド人はイングランドとネーションを共有しておらず、選挙結果に納得できない。ならば「違う国」になるのでしょうか。それはまだしも理解できるのですが、連合王国から独立し、主権をEUに献上するというのでは、結局は将来に「スコグジット(スコットランドのEU離脱)」問題を引き起こすことになるだけのようにも思えます。

独裁制と民主制

スコットランドの「独立」問題からも分かりますが、国家、国民、主権、民族といった問題は複雑です。日本人の多くは「民族的」なネーションと、「政治的」なステイツの区別がついていません。何しろ、日本国は歴史が２０００年を超す世界最古の国で、始めから「ネーションステイツ（国民国家）」でした。とはいえ、日本国は世界史的には例外です。

アメリカ合衆国は、ユナイテッドステイツ。つまりは、政治的な「ステイツ」が複数集まった国家になります。そもそもネーションとは無関係な上に、政治的に独立したステイツの連邦になっているのです。当然ながら、アメリカの各州の権限は、日本の都道府県とは比較にならないほど強力です。

ドイツは、プロイセン王国による統一前、１８１５年のウィーン議定書の時点では、35の君主国と四つの自由都市で構成される「ドイツ連邦」でした。もっとも、オーストリアを盟主としたドイツ連邦は、統一国家としては全く機能しませんでした。何しろ、１８６６年にはプロイセンとオーストリアという加盟国同士で「戦争」をしているくらいです。ドイツ連邦は、ネーションは同じであるにもかかわらず、実質的にステイツは異なっていたのです。

日本は、ネーションもステイツも同一。

連合王国は、ステイツは統合されていますが、ネーションは四つ。

かつてのドイツ連邦は、ネーションは「ドイツ民族」として統一されているものの、ステイツはバラバラ。

アメリカは、ネーションはもちろん、ステイツも異なる各州の連邦国家。

ややこしい話です。

ところで、なぜドイツで、ネーションを同じくする人々のステイツが無数にあったのかといえば、「主権国家」と関係があります。主権国家とは、各国の独自性を尊重し、領域（領土）内における権力を排他的に持ち得る国家を意味します。排他的であるため、他国の権力の影響は受けません。その国の政治的な権力を、君主制にせよ、寡頭制にせよ、民主制にせよ、「その国の誰か」のみが持っている国家が主権国家です。

1618年に始まった三十年戦争が終結し、1648年にヴェストファーレン条約が締結されました。結果、ドイツでは神聖ローマ帝国の各領邦に主権が認められることになり、何と300に及ぶ主権国家が誕生しました。それまでの神聖ローマ帝国では、各領邦に皇帝やローマ教皇の影響力が及んでいました。ヴェストファーレン条約で各国の主権が認められたということは、皇帝や教皇の「権力」は各領邦には及ばないことが決定されたことになります。

結果、神聖ローマ帝国を構成するドイツ民族の領邦は、ネーションは同じであるにもかかわらず、ステイツが異なる構造になったのです。ドイツのステイツが分裂気味なのは、現在にも引き継がれています。ドイツは領域内の人々のネーションは同一ですが、正式名称が「ドイツ連邦共和国」なのです。つまりは、異なるドイツ系ステイツの連邦国家が、現在のドイツです。

さて、改めて民主制について考えてみたいのですが、現在の主流である議会制において、我々が選べるのは「議員」であり、政策ではありません。無論、選挙の際に議員の「候補者」は、我々に利益をもたらす「政策」を主張し、

「○○を実現します」

と、訴え、選挙で票を得ようとします。とはいえ、我々の「○○という政策を推進してほしい」という願いを背負って当選した政治家が、そのままの姿勢を貫いてくれるとは限りません。○○どころか、正反対となる▲▲を推進する可能性すらあるわけです。

その場合、我々一票を投じた一般の有権者としては、抗する術はありません。できることは、せいぜい、次の選挙における「落選運動」を展開することくらいです。

当たり前ですが、我々の貴重な一票を束ねて国会に挑む議員といえども、別に万能ではありません。圧倒的な得票率で当選した国会議員でさえ、議会制の国では国会における「多数派」にならなければ、何の政策も推進できないのです。

というわけで、議会の議員たちは多数派形成のために「組む」ことになります。議員をメンバーとする「結社」「派閥」「グループ」が構築されていくわけですが、ようやく登場しました、これが「政党」です。議員たちは政党というグループを作り、議会内で多数派を形成し、特定の政策を通す。これが、議会制の民主制における一般的な意思決定プロセスです。

ここで強調しておきたいのですが、同じ価値観、意見を持つクローン人間は存在しません。同時に、我々と全く同じ価値観、意見を持つ政治家も存在しません。

例えば、「〇〇を推進する」と信じて投票し、国会議員に推したにもかかわらず、所属する政党の都合か、単純に政治家本人が意見を変えたのか、真逆の政策を実現させてしまった。結果、我々有権者は怒り、

「あんな奴に投票するんじゃなかった！」

と、後悔することになるわけですが、民主制とは「そんなもの」なのです。我々が望む政策が実現するケースなど、現実にはほとんどありません。ルソーの言う「一般意志」どころか、国民がひたすら貧困化し、国家が衰退する政策が勢いよく推進されることも「普通」にあるのです。

いずれの国の国民にしても、自分たちが貧しくなり、安全保障が弱体化するような政策を推進したいとは思わないでしょう。とはいえ、その種の一般意志が全く通じず、真逆の政策がひたすら推進される。そうであったとしても、我々は主権者として一票を投じ、政治にかかわらなければならない。理由は、まさに民主制とは、所詮はその程度の欠陥品であるためです。繰り返しますが、民主制とは「そんなもの」です。

さらには、我々は「政策」で政治家を選んでいるはずが、国会の場で議論されるのはひたすらスキャンダル。これも、民主制における普通の光景です。理由は、スキャンダルは特定政党や政治家の支持率を引き下げ、自分たちが「多数派」を得るために極めて有効な武器になるためです。これは、多数決で物事を決定するルールになっている民主制において、必然的な欠点です。

しかも、政党によっては、国家全体の一般意志と反する政策を掲げるグループすら、民主制においては存在し得るのです。まさに、その典型が連合王国スコットランドの地域政党ＳＮＰです。ＳＮＰのメインの主張である「連合王国からの独立」は、イギリス全体の「一般意志」を反映しているとは、お世辞にも言えないでしょう。とはいえ、連合王国においてＳＮＰは普通に「合法」です。

合法ではあるものの、国家の解体（＝スコットランド独立）を主張する政党は、正統なのか、違うのか。間違いなく「正統」です。理由は、民主制が原理的には「言論の自由」「政治活動の自由」なしでは機能し得ないためです。

民主制とは、言論・啓蒙・政治運動について制限を設けないことが前提であるため、「民主制を破壊します」と、主張する政党であっても、本来的には存在を認める必要があります。言論の自由に何らかの制限を設けようとすると、

「どこまでが認められ、どこからは認められないのか？」

という禅問答に必ず突入することになります。

「政治的自由が認められる社会において、社会を破壊する政治活動はどこまで認められるのか？」

という命題が生じるわけですが、答えは誰にも分かりません。分からないなりに、各国民や政治家が、歴史や伝統や慣習、あるいは「権威」に基づき、中途半端な判断を下すしかない。これもまた、民主制の現実なのです。

つまりは、民主制とは本当に「はっきりしない制度」なのでございます。それでも、他よりはマシであると、チャーチルを初め、多くの先人たちが認めたからこそ、現在の世界の主要国

の多くは民主制を採用しているにすぎません。

分かりやすく表現すると「グダグダする」民主制において、意思決定プロセスが遅く、結果的に危機に対応できないケースは普通にあり得ます。特に問題になるのが、デフレーションという「総需要不足」問題を、財政拡大により解決しようとする場合です。何しろ、政府が財政支出の拡大、分かりやすく書くと「予算拡大」により、需要（消費と投資）の不足を解消するべく、正しい「政策」を推進しようとした際に、民主制採用国で、野党やメディアが存在していると、

「与党は財政赤字を拡大し、このままでは国の借金で破綻する！」

といったレトリックが、「政治」的に極めて有効になってしまうのです。結果、民主制を採用する国では、野党やメディアの「財政拡大批判」が横行し、与党側が必要な財政出動に踏み出しにくい。

誰だって、

「与党は政府のカネを無駄遣いしている！」

といったレトリックによる批判には弱いのです。「無駄遣い」「放漫財政」といったフレーズを聞き、良いイメージを抱く人はまずいません。もちろん、個人にとっての無駄遣いと、政府の予算執行を混同することは愚かなことです。とはいえ、民主制の国では「政府の無駄を減らします」といった論調の方が、多数派を得やすいのが現実なのです。

つまりは、民主制の国は「総需要不足」という経済現象、すなわちデフレーションに極めて弱い。消費や投資という総需要（＝総支出）が不足している以上、政府が財政支出を拡大する以外に対策はありません。需要とは、つまりは生産される財やサービスの買い手です。買い手が減っている状況で、投資を増やす民間企業はありません。さらには、財・サービスの購入が減れば、生産者の所得も縮小します。所得が減少している状況で、消費を増やす家計もまた、皆無でしょう。

デフレ期の民間（企業・家計）にとっては、消費や投資という支出を削り、節約することが合理的になってしまうのです。そして、民間が支出を削減すると、当たり前ですが総需要が縮小します。支出面のＧＤＰそのものである「需要」は、消費と投資（及び純輸出）の総計なのです。

民間が支出を切り詰め、消費や投資という需要を縮小させている時期に、政府がメディアや野党、あるいは「国民」からの、

「国の借金で破綻する！　政府の無駄を削れ」

といった批判に抗えず、予算削減や「増税」を推進すると、デフレが悪化する。国民が貧困化し、国家の安全保障が揺らぎ、衰退途上国化していく。

大変興味深い。前者は、封建制から民主制を発展させた、第一地域の民族国家。後者は、まさに典型的な皇帝制を維持してきた、第二地域の「多民族」の帝国。

ドイツは、神聖ローマ帝国の時代から「ドイツ民族」としてのネーションを維持してきました。ヒトラーやナチスにとって、「多民族国家」という選択肢はありませんでした。ナチスのビジョンは「ネーションステイツ」つまりは、ネーションとステイツが一致した（日本のような）国家の「領域を拡大する」というものでした。となると、他国を征服した上で、住民は追放するか、もしくは殺害するしかない。無人と化した東ヨーロッパの「旧スラブ人居住地域」に、ドイツ人を入植させ、生き残ったスラブ人は奴隷化するという「東方生存圏」にならざるを得ない。

ドイツ民族による大帝国を追求したナチス・ドイツに対し、ソ連邦の前身であるロシア帝国は、元々が多民族、多言語、多宗教の国家でした。ソ連にせよ、ロシア帝国にせよ、欧州の国と誤解している日本人が少なくないでしょうが、実際には「大モンゴル帝国」の後継国の一つになります。つまりは、アジア、ユーラシアの国なのです。

ロシアは、大モンゴル帝国のバトゥ遠征軍に征服され、長年、各大公の就任に際しモンゴル（ジョチ・ウルス）の承認を必要とする屈辱の状況が続きました。いわゆる「タタールのくびき」

ですが、くびきを打ち払ったイヴァン四世（雷帝）の母親は、ジョチ・ウルスの有力軍人・政治家のママイの直系でした。さらに、雷帝の二番目の妻はジョチ家の王族の血脈で、ロシア皇帝の血筋は、実は「モンゴルの婿」なのでございます。

ナチス・ドイツとソ連は、「民族」に対する考え方に加え、誕生プロセスも異なります。ナチスが政権を握ったのは、ワイマール憲法下の「選挙での勝利」でした。繰り返しますが、ナチスの政権獲得は、民主制としては「正統」なのです。

それに対し、ソ連の場合は、何しろ前身がモンゴルの系譜を引くロシア帝国。第二地域の帝国では、言論の自由も民主制も存在し得ません。だからこそ、レーニンらボリシェヴィキ（後のソ連共産党）は、ロマノフ王朝を打倒し、皇帝を殺すという「革命」に訴える必要があったのです。民主制が存在しない第二地域の帝国では、既存の政治体制を覆すためには、権力者を打倒する「革命」以外に方法がありません。

20世紀前半という同じ時期にユーラシアで誕生した二つの独裁政権ですが、政党が主権を持つという共通点はあるものの、

「ナチス・ドイツは政党が民族に君臨し、ソ連は政党が多民族のソヴィエトの連邦を統合する」
「ナチス・ドイツは民主制に基づき正統に発足したが、ソ連は革命により生まれた」

といった点が異なりました。

もっとも、ナチス・ドイツは東方生存圏を掲げ、さらにソ連は「世界革命論」、すなわちプロレタリアート独裁を世界に広げることを目標としていました。厳密には、世界革命論はレーニンとトロツキーで、スターリンは「一国社会主義」を共産党に公式に採用させましたが、いずれにしてもイデオロギー的に対立せざるを得ない二か国が、東欧を挟んで睨み合っていたのです。１９４１年に始まった地獄の独ソ戦は、歴史の必然としか表現のしようがありません。

興味深いことに、ドイツ軍の猛攻を受けたスターリンは、ソヴィエト連邦ではなく「ロシア人」のナショナリズムに訴えかけるべく、対独戦を「大祖国戦争」と名付けました。祖国戦争とは、１８１２年のナポレオン軍の侵攻を受けた「ロシア戦役」に対するロシア側の呼称です。スターリンは、結局、人民を戦争に駆り出すためには、国境を否定するコミュニズムではなく、ナショナリズムが必要であると気が付いたのでしょう。何しろ、大祖国戦争とは、ドイツ軍から祖国「ロシア」を守れという呼びかけなのです（皮肉な話ですが、スターリンはロシア人ではなく、グルジア人でした）。

結局、独ソ戦は「ドイツのナショナリズム」と「ロシアのナショナリズム」の激突となりました。もっとも、互いに相手の存在を認めない「主義（イズム）」を掲げていたため、国際法を無視した殲滅戦、絶滅戦争となり、数千万人の死傷者を出すに至ります。

ソ連の人口は、1939年時点で約1億8880万人でした。独ソ戦を中心とする第二次世界大戦中のソ連の戦死者は最大1140万、民間人の死者は最大1000万人、さらには疫病や飢餓で最大900万人の命が失われました。ドイツ側は、人口約7000万人の内、第二次大戦における戦死者数は最大531万人、民間人の死者も最大300万人に及ぶと推計されています。

また一方で、ドイツやソ連では「国家による自国民大量殺害」が頻繁に生じました。ヒトラーにしても、スターリンにしても、独裁政権の下で膨大な「同じ国民」を粛清、つまりは殺害しました。

特に、スターリンによる「大粛清」は凄まじく、ミハイル・ゴルバチョフのグラスノスチ（情報公開）方針を受け、ソ連国家保安委員会（KGB）のウラジーミル・アレクサンドロヴィチ・クリュチコフ長官が、「スターリンが支配した1930年から1953年の時代、約380万人が拘留され、76万8098人が反革命罪で処刑された」と、公式に認めています。

もっとも、独裁制の国家が人類に深い傷を与えたことが史実だからといって、「独裁制ではない民主制は、普遍的にして絶対的な善である」「むしろ、国家がない方が戦争や独裁者による粛清といった悲劇は起きない」といった極論にはなりません。

民主制が絶対的な善ではないのと同様に、資本主義もまた、完全なものではありません。資本主義とは、「資本を投じる」すなわち投資により生産性を高め、経済成長を目指す「主義」になります。当たり前ですが、ソ連にせよ、毛沢東時代の中国にせよ、設備投資や公共投資など、各種の投資により経済成長を目指していたことに変わりはなく、共産主義も資本主義の一種です。

ここでいう資本とは「貨幣」の話ではなく、交通インフラや防災インフラ、通信インフラ、ライフライン、工場、設備、運搬用車両などの「生産資産」を意味しています。専門的な書き方をすると、生産活動の直接の成果物である資産で、生産のために使用される固定資産（及び在庫）となります。

共産主義の場合には、国家の経済に対する規制あるいは「統制」が強く、計画色が強いスタイルになります。「国家主導の計画で投資する」経済であっても、資本主義であることに変わりはないのです。

共産主義の対義語は資本主義ではなく、自由主義です。分かりやすい書き方をすると、
「資本を民間・市場の自由に任せるのが自由主義」
「資本を国家などのコミュニティ管理とするのが共産主義」
となります。

一方で、資本主義の対義語は、資本を投じない経済、すなわち非・資本主義です。具体的には、産業革命以前、土地と労働のみで成り立っていた経済ですね。

実は、毛沢東の死後、中国を経済成長路線に乗せた鄧小平は、資本主義について正しく理解していたようです。鄧小平は南巡講話（1992年）の際に、

「一部の同志は計画経済を社会主義と、市場経済と資本主義を同一視し、市場主義の後ろには資本主義の幽霊が潜んでいると考えている。市場経済にも計画が、社会主義にも市場がある」

と語っています。

当たり前ですが、共産主義や社会主義経済にしても「資本を投じる」ことなしでは成長できません。さらには、市場を中心に考える自由主義経済であっても、政府は「計画」に基づき、インフラストラクチャーを整備する必要があります。例えば、ダムや防潮堤などの防災インフ

ラや、全国に張り巡らされる高速鉄道網、高速道路ネットワークが、計画なしで建設できると思いますか。

日本国民は極論に騙される傾向が強く、
「共産主義（ソ連）は滅びた。自由主義が絶対的に正しい」
「経済は市場の自由に任せるべきで、計画は不要だ」
といった、間違った考え方に染まった人が少なくありません。

第二章でも解説しましたが、究極的な自由と、完全なる統制の間には、無限のバリエーションがあります。経済のどの部分を、政府の計画に委ねるか。あるいは、政府がどこまで経済に関与するかは「程度」の問題であり、オールオアナッシングではないのです。

ちなみに、究極の自由主義と、究極の統制主義は、いずれにしても同じ結果をもたらします。極端に格差が拡大する経済の「悲劇」という形で。

完全統制経済は、財やサービスを生産するための生産手段（資本、労働、技術）について、全て国家の政治家、テクノクラートが管理します。生産されるモノ、サービスの量について、国家が計画的に決定し、価格や所得も管理。生産のために必要な資本の投入についても、国家が計画的に決定。民間は自由な市場参入が許されず、私有財産権も認められません。外国との交易についても、全て国家が管理統制。

要するに、毛沢東の大躍進時代の中国経済ですが、統制経済ではリソースをコントロールする官僚の権力が絶大化し、一部の「赤い貴族」が所得や富を独占。ほとんどの人民が最悪の貧困に苦しむ、極端なまでの格差社会になります。さらには、共産主義国家は基本的には一党独裁であるため、人民は主権を持たず、民主制により政策を是正する機会はありません（私は独裁国家において主権を持たない人を「人民」と呼び、主権国家の「国民」と区別しています）。

ならば、生産手段について国家が一切関与しない、完全自由経済の場合はどうなるのか。その場合、カール・マルクスが指摘した通り、資本を持つ者が「剰余価値」を再投資し、持てる者と持たざる者（プロレタリアート）との格差が、これまたひたすら拡大していくことになります。マルクスは、まさに「格差がひたすら拡大する」資本主義の姿を観察し、やがてプロレタリアートによる「革命」が起き、生産手段を「コミュニティ」が共有する、理想的な「国家や階級がない社会（共産主義社会）」が実現すると予測したのです。資本主義に対する分析は正しかったものの、その予測は完全に外れましたが。

1991年にソ連が崩壊し、共産主義の敗北あるいは「失敗」が明らかになりました。その後の世界では、アメリカを覇権国とする「グローバリズム」が始まります。グローバリズムとは、政府の役割を可能な限り小さくし、モノ、ヒト、カネという経営の三要素の国境を越えた移動を自由化することが「善である」という思想です。

グローバリズムの最終的なゴールは、まさに「完全自由主義経済」なのですが、当然ながら各国で所得や富の格差が拡大し、人々は「グローバル化疲れ」（エマニュエル・トッド）に陥ってしまいました。結果的に、イギリスのブレグジット、さらにはアメリカのトランプ大統領誕生、欧州各国における反グローバリズム政権の誕生へとつながります。

完全統制経済の代表株である共産主義同様に、完全自由主義を欲するグローバリズムもまた、国内の格差を極限にまで拡大し、国民を不幸に叩き込むのです。統制主義と自由主義は発想が真逆なのですが、ゴールは同じです。

無論、「国民を豊かにする」ではなく、自己利益の最大化を望むグローバリストは、そんなことは百も承知です。特に、民主制の国において、主権者である国民が本書に書かれたような知識を身に付けてしまうと、グローバリズムの推進は不可能になります。

「あなたを不幸にする政策を推進します。さあ、投票して」

と言われ、貴重な一票を投じる有権者は一人もいないでしょう。

だからこそ、グローバリストはおカネや政治力などをフル活用し、民主制の国における「メディア」を支配しようとする。民主制と言論の自由は表裏一体の関係にあります。メディアを抑え、反グローバリズム的な論調がはびこらないようにし、グローバリズムを多数派にすれば、事実上、民主制を制したのも同然になるのです。そういう意味で、グローバリストは民主制について正しく理解しています。民主制においては、正しい政策が勝つのではありません。多数派が勝つのです。

もっとも、有権者と直に接する議員たちは、さすがに国内所得格差を拡大し、多くの国民を貧困化させることが確実なグローバリズムの政策推進には、二の足を踏みます。何しろ、自分が投票した政策の結果、地元の有権者が貧しくなってしまうと、次の選挙で落選する可能性が高まります。

だからこそ、民主制の国において、グローバリストは様々な「政治テクニック」を用い、政策に影響を与えようとします。アメリカでは、自己利益最大化をもくろむ企業経営者、投資家と、政策を決定する政治家とを橋渡しする「ロビイスト」が職業として成立しています。企業側はロビイストを通じ、おカネの力で政治力を発揮。自社や投資家の自己利益最大化のための政策を実現しようとする。

さらに、おかしなことになっているのが日本です。日本の場合、ロビイストすら不要。民間人が政府の諮問会議（経済財政諮問会議、未来投資会議、規制改革推進会議、国家戦略特区諮問会議など）に「民間議員」として入り込み、自己利益を最大化する政策を提言。国民ではなく「特定の誰か」を利する政策が、首相肝いりとして閣議決定され、国会を通り、法律化されてしまう。

ちなみに、アメリカのウォール街の人々は、ロビイストに大金を払うのではなく、直接の利害関係者が「民間議員です」といって政府に乗り込み、政治力を発揮する日本の仕組みを「絶賛」しているそうでございます。

独裁制の国では、人民には主権がなく、特定の政治家・政党の意のままに政策が推進され、人民の貧困化と格差拡大が進む。民主制の国においても、メディアを支配され、ロビイストや「民間議員」が活躍するようになると、同じように国民は貧しくなり、格差も開く。貧困化は人々のルサンチマンを高め、格差拡大で国民・人民は分断化され、ナショナリズムが成立しなくなる。まあ、独裁制の国には、元々ナショナリズムがないわけですが、民主制の国ですら同じような状況になってしまうのです。そして、ナショナリズムが崩壊すると、民主制の維持は不可能になります。

結局、何が正解なのでしょうか。

分かりません。独裁制は論外、民主制でもダメとなると、人々は自然と、「もはや国家などない方がいいんだ！」

という極論に走りがちになります。

とはいえ、例えば日本国家が消滅したとして、世界中から一斉に国家が無くなるわけではありません。日本列島に「権利を認めてくれる共同体」を失った元・日本人たちが暮らし、日本以外には強力な国家権力がいくつも存在している。

そうなると、普通に考えて日本列島で暮らす元・日本人たちは、いずれかの国家権力の奴隷と化すことになるでしょう。現代でいえば、間違いなく「中華人民共和国」の支配下に落とされます。

国家の喪失

ナチス・ドイツやソ連は、国民ではなく政党が主権を持ち、ドイツ民族や「諸民族のソヴィエトの連邦」の上に君臨していました。中華人民共和国も同様で、同国の主権は中国共産党にあり、中国人民にはありません。

もっとも、中国がナチス・ドイツやソ連以上に危険だと思うのは、中国共産党が「中華民族」を指導すると定められている点です。中華人民共和国憲法前文は、

「中国の諸民族人民は、引き続き中国共産党の指導のもと、マルクス・レーニン主義、毛沢東思想、鄧小平理論および〝3つの代表〟の重要思想に導かれ、人民民主主義独裁を堅持し、社会主義の道を堅持し」

という、怖い文章で始まります。何が怖いのかといえば、「中国の諸民族人民」の「諸民族」の定義が不明確である点です。不明確ということは、諸民族の定義をどこまでも広げることができる。

さらに中国共産党は、2012年の第十八回全国代表大会において、統治理念を「中華民族の偉大なる復興」と定義しました。同大会において、習近平主席は、

「誰しも理想や追い求めるもの、そして自らの夢がある。現在みなが中国の夢について語っている。私は中華民族の偉大な復興の実現が、近代以降の中華民族の最も偉大な夢だと思う。この夢には数世代の中国人の宿願が凝集され、中華民族と中国人民全体の利益が具体的に現れており、中華民族一人ひとりが共通して待ち望んでいる」

と、語っています。

歴史上、中華民族など存在したことがありません。例えば、中国人民の多数派は「漢民族」と呼ばれています。中華人民共和国の領域では、繰り返される大虐殺、異民族侵攻により、民族が何度も入れ替わっていますが、一応、中国人の多くは「漢民族」となっています。

中国の領域には漢民族以外にも、多くの民族が暮らしています。中国もまた、ロシア同様に、多民族の帝国であった大モンゴル帝国の後継国の一つです。

多民族国家は別に構わないのですが、中国共産党が「中華民族」の上に君臨し、さらには「中華民族」の定義が不明確ということは、何を意味するのか。あらゆる民族を「中華民族」の中に放り込み、中国共産党の独裁政治の支配下に置くことが正当化されてしまうという話です。

実際、中華人民共和国は建国以降、南モンゴル（現、内モンゴル自治区）、東トルキスタン（現、新疆ウイグル自治区）、チベット（現、チベット自治区）と、周辺民族の国を次々に侵略し、支配下に置いていきました。モンゴル人やウイグル人、チベット人を「中華民族」の中に組み込んでしまったのです。

さらには、侵略した地域に次々に漢人を送り込み、現地の女性と結婚させる。男性は逆に中国全土に散らばせ、民族を消し去ろうと図る。

実際、中国は大清帝国を築いた満州人（女真族）の土地を占領し、民族を消し去ってしまいました。一応、戸籍上は残っているのですが、満州文化は消滅し、満州語を話す人ももはやごくわずかです。

中国の人口を利用した侵略手法は、「洗国」と呼ばれます。洗国とは、中華帝国が他国を乗っ取る際に多用する伝統的な侵略手法です。まずは、国内の流民を数十万人規模で対象国に移住させる。当初は外国人労働者として、いずれは移民として、膨大な人民を送り込み、現地に同化させていく。やがて、支那本国から官僚が送り込まれ、その国・地域を中華帝国の支配下に置くのです。

今、この瞬間も、チベットやウイグル（東トルキスタン）で行われているのが、まさにこの洗国なのです。チベット人男性やウイグル人男性を中国国内に散らばらせ、現地に同化させる。さらに漢人をチベットやウイグルに送り込み、現地の女性と結婚させ、これまた同化させてしまう。やがては、現在の満州同様に、国境線が実質的に消滅し、中国の一部としての支配が始まることになります。

今風に言えば、民族浄化（エスニック・クレンジング）であり、明らかに国際犯罪です。とはいえ、現実に中国共産党はチベット人やウイグル人に対する洗国をほぼ完成させ、香港や台湾にもじわじわと浸透していっています。

ナチス・ドイツ、ソ連、中華人民共和国と、三つの独裁国を比べてみると、

●ドイツ民族中心主義で、東欧のスラブ人の民族浄化を図ったナチス・ドイツ
●各民族に傀儡のソヴィエト共和国を作らせ、ソヴィエト連邦共産党の支配下に置いたソ連
●解釈の拡大が可能な「中華民族」を中国共産党が支配し、現在進行形で侵略を続行している中国

と、それぞれに特色があるわけです。問題は、ナチス・ドイツやソ連は滅亡したものの、中国は生き残り、それどころか「資本主義国」として経済を成長させ、アメリカの覇権を脅かすに至っているという点です。そして、我が国は現在の覇権国（アメリカ）と、覇権への挑戦国（中国）に挟まれた位置にある。これは、日本国の地政学的な不幸です。

２０２０年現在、中国はウイグル人弾圧、香港デモへの対応で世界的な批判を浴びています。イギリスは、１００万人以上のイスラム教徒のウイグル人やカザフ人などを「再教育キャンプ」と称する強制収容所で不法に拘束しているとして、19年11月25日、「国連監視団が即時かつ無制限にアクセスできるようにせよ」と、中国政府に要求。同年11月27日には、フランス政府が、新疆ウイグル自治区における「恣意的な大量拘束」を中止するよう求めました。

また、アメリカは同じく11月27日に、香港人権民主主義法を成立させました。同法は、香港

の自治を保証する「一国二制度」が守られているか否か、米国務省に「毎年」の検証を義務付けています。さらに、香港における自治や人権を侵害した政府関係者に制裁を科す、具体的には、アメリカへの入国禁止や資産凍結が盛り込まれています。

法案提出者の一人、アメリカのマルコ・ルビオ上院議員は、上院における法案可決に際し、「長年の悲願である自由を求めて戦っている香港の人々に対し、我々は明確なメッセージを送った。我々はあなた方の声を聞き、あなた方と共に立ち上がり、あなた方の自治が損なわれることに対して黙っていない」

との声明を発表。

さらに、アメリカの下院は同年12月3日、新疆《しんきょう》ウイグル自治区でウイグル族などを弾圧した中国当局に制裁を科すことを求めるウイグル人権法を可決しました。

中国の「諸民族」に対する弾圧は、欧米社会から激しく反発を受けているわけですが、そもそもウイグルやチベットは「中華人民共和国」とは無関係の独立国家でした。中国が建国されたのは1949年。1950年にチベットは中国と「外交交渉」を行ったのですが、その際に中国大使であった袁仲賢《えんちゅうけん》は、

「チベットは中国の一部とみなす」

と一方的に宣言。受け入れれば「平和的な解放」、拒否すれば「戦争」と通告し、同年10月7日に人民解放軍が「国境」を越え、東チベットに雪崩れ込んだのです。

また、新疆ウイグル自治区への侵略は、当時の同地を支配していた国民党と東トルキスタン共和国に、中国共産党が政治的圧力をかけ、1949年に人民解放軍を展開させる形で行われました。

チベット自治区にせよ、新疆ウイグル自治区にせよ、中国共産党が人民解放軍による軍事侵略で自国領土に編入した地域なのです。チベット人や東トルキスタン人は、祖国を中国共産党に奪われた。結果、その後は延々と続く、残虐な共産党支配に苦しめられることになりました。自分たちの権利を認め、守ってくれる共同体が失われ、覇権主義丸出しの中華人民共和国の支配下で、主権を持たずに生きざるを得ない。頼りは唯一、「国際社会」の圧力のみ。これが、チベット人やウイグル人の現実なのです。

依るべき国家を失うとは、そういうことなのです。

香港の場合、アヘン戦争の結果を受け、1842年に締結された南京条約でイギリスに割譲されました。香港が中国に「返還」されたのは、1997年ですが、これは改めて考えると奇妙な話です。なぜならば、イギリスが南京条約を締結した相手国「大清帝国」はすでに滅び、中華人民共和国は、それまで香港を支配したことが一度もないためです。つまりは、1997年にイギリス政府は香港の主権を中華人民共和国に「移譲した」というのが正確な表現になるのでしょう。

香港「移譲」のポイントは、元々、香港人は同地の主権を持っていなかったという点です。1949年に中華人民共和国が建国されると、イギリス領香港政府は、共産党支配を嫌う中国難民の大量流入を受け、対中国境（？）を閉鎖。当時は、中国共産党も香港の主権移譲は求めませんでした。

1997年に香港の主権が中国に移譲される際の香港特別行政区基本法では、2007年以降に行政長官選挙や民主制による立法会議員の選出を「検討」することになっていました。もっとも、ご存じの通り、直接選挙による行政長官選出や、立法会議員選挙は、現時点でも実現していません。

主権移譲時、中国は「五十年間は政治体制を変更しない」、いわゆる一国二制度を確約しました。とはいえ、現実には香港行政に対する中国共産党の影響力は高まる一方です。2014年には、中国共産党の全国人民代表大会常務委員会が、中国の意に沿わない人物の行政長官立候補を排除する方針を決定。

香港の「人民」は、自らが暮らす地域における主権を持っていません。つまりは、自分たちの生活やビジネスにおける諸権利や規制に対し、影響力を行使することができないのです。

民主制の国であれば、人々は有権者として一票を投じ、権利を守るための政治的活動が可能です。とはいえ、香港住民には不可能です。

しかも、世界の中で最も「非・民主的」な共産党独裁政権から、常に政治的圧力を受け続けている。結果的に、2014年、民主制を求める香港住民による雨傘運動が勃発。さらには、2019年に、香港と中国間の犯罪者受け渡しを可能とする「逃亡犯条例改正案」をきっかけに、普通選挙の実現など「五大要求」を求める大規模デモが発生。本書執筆時点でも、終結していません。


自分たちの権利を認めてくれる国家が失われた、あるいは初めから主権を持っていなかった人々が、いかなる状況になるのか。海の向こう側の現実が、我々にまざまざと教えてくれます。

歴史を振り返ると、人々が繁栄した国家を失ってしまった事例に事欠きません。最も印象的なのは、かつては欧州最大の領域を誇った大国である「ポーランド王国」の消滅でしょう。

ポーランド王国の歴史は、ボレスワフ一世が1025年にグニェズノ大聖堂で即位した時点に遡ります。

ポーランド王国は、建国後から戦争に次ぐ戦争を繰り返すのですが、理由は「地形」にありました。ポーランドはHEART OF EUROPEと言われていますが、要は、欧州の中央にあるのです。しかも、そもそもポーランドとは「平原の国」という意味です。国土がまっ平、広大な平野であり、外敵が侵入しやすい地形の国。それがポーランドです。

もっとも、ポーランド王国は宿敵ともいえるドイツ騎士団（プロイセン王国の前身）との死闘を戦い抜き、隣国のリトアニアと「同君連合」を形成。16世紀には、現在のポーランド共和国に、リトアニア、ベラルーシ、ウクライナを加えた、バルト海から黒海にまで広がる大国に成長しました。

ところが、１６４８年にウクライナのコサック、フメリニツキーの反乱が勃発。その後、スウェーデンやロシア、プロイセンなどと激突した北方戦争（１６５５年―１６６１年）、さらにはスウェーデン王カール12世やロシアのピョートル大帝の軍隊が雪崩れ込んできた大北方戦争（１７００年―１７２１年）と、相次ぐ大戦争で、ポーランド王国は次第に疲弊していきます。

西にはプロイセン王国、東にはロシア帝国、南西にはオーストリアのハプスブルク帝国、さらには北にはスウェーデン王国と、強敵に囲まれたポーランドは、政府が次第に当事者能力を喪失していきました。そして、１７７２年、ロシアのエカチェリーナ二世と、プロイセンのフリードリヒ大王の介入を受け、ポーランドは領土を大きく減らすことになります。ロシアとプロイセン、さらにはオーストリアの三国に領土の一部を分割占領されてしまうのです。

いわゆる、第一次ポーランド分割です。プロイセンはかつて奪われたドイツ騎士団領を、ロシアはリヴォニアやベラルーシを、オーストリアはガリツィア地方を獲得。逆に、ポーランドは領土の三割、住民の35%を失うことになります。

その後も列強の圧力はやまず、1793年には第二次ポーランド分割。第二次分割では、ロシアは25万平方キロメートルの領土と、300万の住民を、プロイセンは5万8千平方キロメートルの領土と、100万人を獲得。まるでステーキのごとく、領土を切り分けられたポーランドは、国として存在しないも同然になってしまいます。

さすがにポーランド国民は立ち上がり、アメリカ独立戦争にも参加したポーランド軍人コシューシコらを中心に、対ロシアの反乱を起こします。

ロシアのエカチェリーナ二世は、「国民主権」を求めるコシューコらの蜂起の報告を受け、「隣国で突発した火事を、その最小の火花まで消し去るだけでなく、灰殻から新たに燃えあがる可能性を永遠に取り除くために、近隣三宮廷が隣国を領有するときが来ました」と、プロイセンとオーストリアに「最終解決」を提案。

1795年、エカチェリーナ二世はポーランド国王を退位させ、残りのポーランド領を三国で分け合い、かつては欧州最大の領域を誇ったポーランド王国は完全に消滅してしまいました。

まさに亡国ですが、外国、特にロシア帝国の圧政に苦しむ旧ポーランドの遺民たちは、祖国の復興を諦めませんでした。旧ポーランド領の人々は、幾度となく対ロシアで立ち上がり、独立運動を展開し、そのたびに叩き潰されることを繰り返しています。１７９５年以降のポーランドは、まさに「抵抗と挫折」の歴史なのです。

ポーランドが独立を取り戻したのは、第一次世界大戦後の１９１８年。何と、王国滅亡から百二十三年が経過していました。

とはいえ、ポーランド人の苦難は続きます。第一次世界大戦により、かつて祖国を分割したドイツ帝国（旧プロイセン王国）、オーストリア帝国、ロシア帝国という三帝国が崩壊。ポーランド共和国として独立を回復したと思ったら、１９３９年にナチス・ドイツの侵攻を受け、またもや国土がドイツとソ連に分割されてしまいます。

第二次世界大戦中、ポーランドは西部をドイツ第三帝国に接収され、ワルシャワを中心とした地域はナチスのポーランド総督府による過酷な支配を受けます。かのアウシュビッツをはじめ、ユダヤ人大量虐殺の施設が作られたのも、ポーランドです。

ナチス敗北後のポーランドは、今度はソ連の衛星国と化し、共産主義思想による独裁的な支配が始まり、やはり人々は悲惨な状況に置かれたままでした。ソ連式のポーランド人民共和国が崩壊し、真の意味でのポーランド人による独立国家、ポーランド共和国が誕生したのは、１９８９年。ナチス・ドイツのポーランド侵攻から五十年、１７９５年の第三次ポーランド分割から数えると、実に百九十四年が経過していました。

二百年近くも祖国の主権を失った状況に置かれていたポーランド人たちは、なぜここまで強く、外国や圧政に抗い続けることができたのでしょう。私はポーランド人ではないので正確には分かりませんが、おそらくは「歴史」なのでしょう。

歴史とは国民のメモリーです。ポーランドの人々は、祖国が解体され、外国の圧政に苦しめられることになっても、偉大なる祖国の歴史は忘れなかった。ポーランド国民としてのメモリーが、世代を超えて受け継がれたからこそ、最終的には「自分たちの国」を取り戻すことができたのではないでしょうか。

その事実には、大いに学ぶべきものがあります。最終章では我々自身が亡国を回避するために、日本国について「建国の歴史」から振り返ってみましょう。

第五章 自民党の消滅

「もはや国境や国籍にこだわる時代は過ぎ去りました」

安倍晋三内閣総理大臣

2013年、ニューヨーク証券取引所におけるスピーチにて

文明のマトリクス

建国の歴史を振り返るために、まずは日本国で興った文明から確認していきたいと思います。文明とは、英語で言えば「CIVILIZATION」です。CIVILIZATIONのCIVILとは「都市住民」という意味になります。いわゆる、市民ですね。

欧米における文明とは、文字通りの「都市化」を意味していたのです。これは、かなり偏った文明観といえます。何しろ「都市化＝文明」と狭義の定義をしてしまうと、満州からハンガリーまで、ユーラシア大陸を斜めに横切る長大な草原地帯「ユーラシアステップ」周辺で栄えた遊牧文明が「文明ではない」という話になってしまうのです。例えば、初期の遊牧民であるスキタイは、黄金の動物意匠金属器や壮麗な馬具に代表される、様々な工芸品を残しましたが、これは明らかに「文明」でしょう。

というわけで、私は文明について「都市化」ではなく、左記の通り定義をしています。

「生産性向上により非生産的建造物や製品（モニュメント、器具、祭具、装身具、葬具など）が製造可能であること」

特に、ピラミッドに代表される建造物やモニュメントは重要です。あれほど巨大な王墓を建設するためには、数百万人日《にんにち》分の労働者が「農業以外」に従事することを可能にする農業生産性が必要になります。当たり前ですが、ピラミッド建設に従事している人民は、農作業ができません。ピラミッドの建設労働者（及び家族）を食わせるだけの余剰穀物は必須ですし、それを生産可能とする農業の生産力も必要です。ピラミッドは、エジプトのナイル川の氾濫がもたらす、農業部門の高生産性が建設可能としたのです。

ピラミッドはナイル川が氾濫し、農作業が不可能になる四か月を利用して建設されたというのが定説です。ファラオからしてみると、暇を持て余す農民に仕事を与える公共投資だった可能性が高いのですが、いずれにせよ四か月間、何万人もの農民を労働者と家族を食べさせることが可能なほど生産性が高くなければ、ピラミッド建設は不可能でした。

文明の話に戻ります。遊牧民などによる農耕や定住をしていない「文明」も存在したことを受け、**図5―1**（**P．261参照**）のマトリクスで表現してみました。

一般に「古代文明」と聞くとイメージされるメソポタミア文明、エジプト文明、インド文明、黄河文明などは、全て定住型の農耕文明です。それに対し、ユーラシア大陸を横断する長大な草原地帯「ユーラシアステップ」を中心に育まれた「遊牧民の文明」は、非・農耕、非定住型文明です。

非定住型の農耕文明というものは、なかなか実現が難しいと思います。農耕は「土地」に縛られるため、自然と定住型文明になったはずです。

それでは、定住型の非農耕文明はどうでしょう。世界にはいくつか例が確認されるのですが、実は代表的なのが日本文明の始まりである「縄文文明」になります。

断っておきますが、縄文時代の日本人が全く農耕をしなかったというわけではありません。発掘された縄文土器に残された圧痕の分析から、アズキやダイズなどの豆類、アワ・キビなどの穀類、さらには栗などが盛んに栽培されていたことが確認されています。さらには、岡山県などではイネ（陸稲）が栽培されていました。縄文農業は灌漑設備を伴った大規模なものではなかったため、非・農耕文明に位置付けているのです。

ところで、縄文時代の「縄文」とは、文字通り土器につけられた縄目模様のことです。縄文文明は土器の文明でした。多様な食材があったとしても、煮炊きをする道具がなければ、人間の胃袋は満たされません。

青森県の大平山元I遺跡で見つかった「世界最古」の土器片は、放射性炭素年代測定によると約1万6千年前に遡ることが明らかになっています。また、大平山元の土器は、煮炊きに使用されたことが判明しています。完全に実用品だったわけですね。

図5-1｜文明のマトリクス

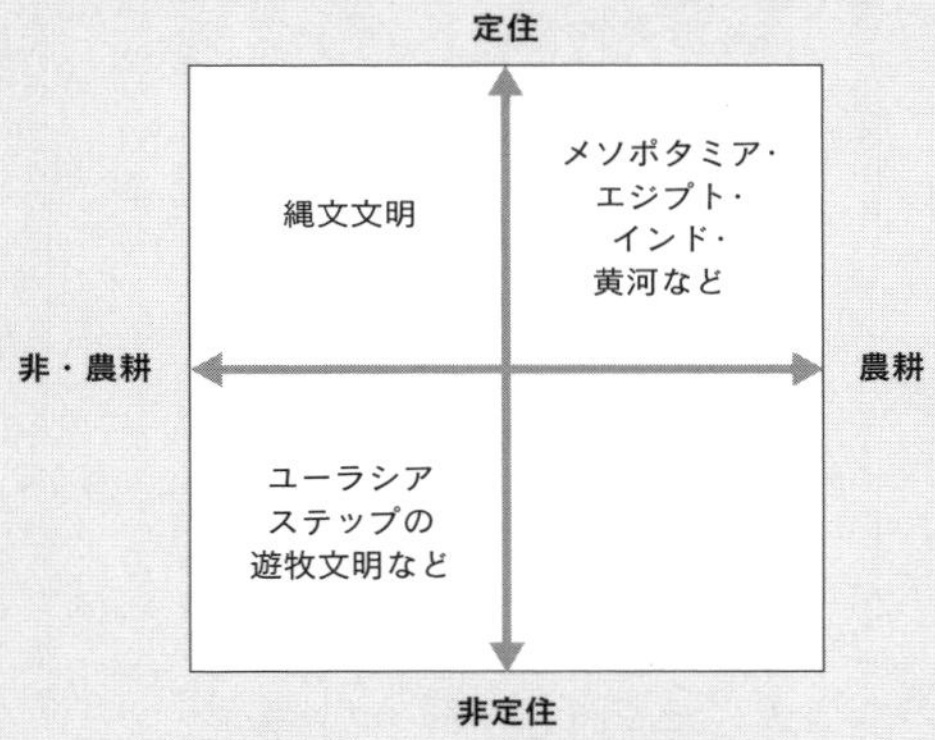

図表：著者作成

日本の旧石器時代（移動・狩猟生活）から縄文時代（定住生活）への移行は、土器の使用によって定義づけるべきです。定住し、土器を焼くことが可能になった、1万6千年前が縄文時代の始まりです。

日本以外では、西アジア（メソポタミア）で9000年前、南米アマゾン川流域で7000年前の土器が確認されています。

日本で土器文明が早期に花開いたのは、ドングリなど植物性の食品は生食に適さず、加熱する（要は煮炊き料理）必要があったためでしょう。逆に、農耕文明の元祖である肥沃な三日月地帯は、新石器時代から「小麦＝パン食」が主流であり、パンを焼く際に土器を作る必然性は低かったようです。

縄文中期（5000年前〜）になると、火焔型土器に代表される、立体的な造形が始まりました。火焔型土器には、全く実用性がないのですが、単に「こちらの方が格好いいから」という理由で、あの見事な燃え盛る炎のごとき土器が作られたのです。器の種類も増加し、土偶が作られ始めたのもこの時期です。

また、弥生文明や古墳文明にまで受け継がれる「翡翠の宝飾品」が作られ始めたのも、縄文時代です。富山県朝日町の通称「ヒスイ海岸」付近にある、縄文前期の遺跡からは、翡翠の原石や滑石の耳飾玉が出土しています。また、縄文中期―晩期の遺跡からは、翡翠の丸玉《まるだま》や大珠《たいじゅ》が発見されました。加工が極めて困難な翡翠を、早くも宝飾品に仕上げていたわけで、縄文文明の技術力の高さに驚かされます。

さらに、縄文文明は「海洋文明」でもありました。実は、翡翠はアジアでは日本の糸魚川（新潟県）近辺と、ミャンマーでしか産出されません。そして、糸魚川産の翡翠は、縄文時代から「海の道」を辿り、各地に交易品として運ばれていたのです。

縄文文明が「海洋文明」だった証拠の一つを挙げると、例えば2017年、沖縄県北谷町伊平の平安山原B遺跡で、縄文時代晩期（約2500年前）の、東北地方を中心に使われていた大洞系土器の破片が発見されました。大洞系土器はこれまで鹿児島以南では種子島や奄美大島、喜界島で見つかっていますが、沖縄県内での発見は初めてのことでした。

丸木舟で北海道から沖縄まで黒曜石、翡翠、琥珀、天然アスファルトなどを交易していた「海洋民族」である縄文人は、朝鮮半島南部にまで到達していました。韓国南部の東三洞《とうさんどう》貝塚からは、大量の縄文土器に加え、九州産の黒曜石が出土。同じく朝鮮半島南部の三千村沖合の遺跡群からは、縄文晩期から弥生時代中期の土器が発見されました。黒曜石はともかく、土器をわざわざ積み荷として運んだとは思えません。当時の朝鮮半島南部には、大勢の日本列島出身者が暮らし、現地で縄文土器を焼いていたのでしょう。中国の史書（魏志、魏書弁辰伝、宋書など）には、朝鮮半島南部の伽耶（魏志倭人伝では狗邪韓国《くやかんこく》）を中心とした倭人（日本人）の共同体の記述が多数ありますが、日本列島の人々は縄文時代から朝鮮半島との間を行き来していたのです。

また、後の新羅・百済・伽耶の勢力圏内でも日本産の翡翠製勾玉が大量に出土しました。朝鮮半島出土の勾玉は、糸魚川周辺遺跡のものと同じであることが判明しています。

縄文時代と聞くと、我々は「未開の人々が竪穴式住居に住み、狩りや採取をして暮らしていた」と想像してしまいますが、とんでもない。世界最古の土器。もはや芸術作品としか評せない火焔型土器や土偶の数々。現代をもしのぐほど多種多様な食材を用いた食生活。翡翠に代表される驚くほど高度な宝飾品の加工技術。朝鮮半島や沖縄にまで達する航海術。縄文時代は、間違いなく「文明」だったのです。

その後、日本は弥生時代に入りますが、その「境目」を断定することは不可能です。例えば、弥生時代の始まりを「水田稲作の開始」と定義すると、佐賀県唐津市の菜畑遺跡から、紀元前10世紀、今から3000年近く前の水田稲作跡地が発見されています。とはいえ、水田稲作は一気に日本列島に広まったわけではありません。水田稲作は北九州から次第に東へ広がり、最終地点の本州北端、青森県（垂柳遺跡）に伝わったのが約2100年前。何と、900年間もかかっているのです（水田稲作は、結局、津軽海峡は越えませんでした）。

土器にしても、縄文土器と弥生土器が、普通に同時に使われていました。というわけで、弥生時代の始まりは不明としか言いようがありませんが、とりあえず菜畑の水田稲作跡から、紀元前10世紀として考えたいと思います。

縄文文明の始まりが、大平山元Ⅰ遺跡の土器片から1万6千年前。つまりは、日本列島で暮らす人々は、およそ1万3千年間、縄文文明の下で、戦争のない、食生活が異様に多彩な生活を営み、翡翠の宝飾品を身にまとい、火焔型土器や遮光器土偶を作る人生を謳歌していたわけです。少し、羨ましくなってしまいますね。

ところで、

「弥生時代は紀元前3世紀に朝鮮半島から大量にやってきた渡来人が水田稲作を伝えた結果、始まったのでは?」

と、間違った「通説」を信じている人が少なくないでしょうが、完全にでたらめです。何しろ、日本で水田稲作が始まったのは「遅くても」紀元前10世紀(菜畑遺跡)で、渡来人とやらはやってきたとしても「年に数家族」であることが考古学で証明されています。「渡来人大量流入説」の根拠は、いわゆる縄文人と弥生人の顔の骨格が違う、さらには平均身長が縄文人は約156cmであるのに対して、渡来系とされる弥生人は163cm前後と、大きく違うことです。

とはいえ、落ち着いて考えてみてください。水田稲作が日本に伝わったのは「遅くても」紀元前10世紀。水田稲作が本州の北端に達したのは紀元前2世紀頃。数百年かけて、日本人の食生活は「縄文式多種多様」から「弥生式コメ中心」に変わっていきました。特に、主食がコメになり、哺乳類の肉を食べることが少なくなった結果、日本人の歯や顔骨格の形が変化したのは当然です。また、安定的な穀物摂取は、日本人の平均身長も伸ばしました。

参考までに、日本人の平均身長は、明治時代以降の栄養・衛生状態の改善により、ここ100年間で約15cm伸びています。わずか100年間で、おそらくは肉食が増えたことが原因で、平均身長が15cm伸びたのです。縄文から弥生にかけ、食生活が変化し、平均身長が「数百年」かけて7cm伸びたとしても、別に不思議でも何でもありません。

つまりは、弥生人とは食生活の変化（しかも「数百年」かけた）を受け、顔かたちや身長が変化した「縄文人」なのです。現代日本人の先祖は、大挙して到来した渡来人と縄文人の混血といった説は、全て「科学的に否定」されていますので、ご注意ください（多くの「間違えた」歴史学者たちが学説を変えないため、今でも嘘の通説が蔓延していますが）。

さて、水田稲作は「土地の領有」「水の確保」「灌漑設備の建設」が必要な「定住型農耕文明」です。つまりは、土地や水を確保する「戦力」が、さらには大規模灌漑設備を効率的に建造するための「階級」が必要なのです。日本文明は、紀元前10世紀以降、次第にメソポタミア的な「農耕定住型文明」に変わっていきます。弥生文明が始まり、全国に伝播していったのです。

水田稲作を中心とする農耕定住型文明の訪れは、我々の先人たる縄文人にとって「最初のグローバリズムの到来」と認識するべきでしょう。多くの縄文人は抵抗したでしょうし、実際、水田稲作が青森県にまで到達するまで、およそ千年かかっているわけです。

そして、人が行き来できるほどには「大陸から近かった」という日本列島の位置は、別のメリットももたらしました。

ユーラシア大陸で生きる人々は「家畜」から動物性タンパク質を摂っていました。家畜は人間にエネルギーを与えると同時に、疫病の発生源でもありました。ユーラシアの国々は、家畜から生まれた「疫病の津波」に何度も洗われ、何十万、何百万という人々が命を奪われました。日本に大陸から感染症、疫病が「渡来した」のは、別にＣＯＶＩＤ—19が初めてというわけではありません。

家畜を飼わない文明である日本でも、やはり疫病の流行は防げませんでした。ユーラシアに属する以上、日本にしても疫病のパンデミックから逃れることはなかったということです。家畜はいなくても、感染した人は訪れます。

ちなみに、疫病が流行すると、「抗体」を持つ人間が生まれると表現されますが、実は話は逆です。病原菌に対して抗体を持つことができなかった人たちは、みんな死んでしまい、抗体を手に入れた人間だけが生き残る。我々を含め、現代を生きる人類は、過去に疫病で死ななかった先人の子孫なのです。ユーラシアでは次々に家畜発祥の疫病が流行し、生き残った人々は抗体を備えた人に限定されたという話です。

というわけで、１５４３年のポルトガル人の種子島漂着（いわゆる「鉄砲伝来」）以降、大勢の欧州人が日本列島に押し寄せた際に、すでに日本人は各種の疫病に対する「抗体」を持っていました。これは、本当に幸運でした。

日本列島と大陸間の距離が長く、人の行き来が難しかった場合、日本人はユーラシアの疫病に対する抗体を持ち得なかった可能性がある。その場合、いわゆる「大航海時代」（私は「第零次グローバリズム」と呼んでいますが）のスペイン人、ポルトガル人の到来を受け、疫病流行で日本人は全滅。日本文明は滅んでしまったことでしょう。

何を大げさなことを、と思われたかもしれませんが、実例があるのです。ユーラシア大陸と隔絶したアメリカ大陸で暮らす「人類」は、疫病を経験したことがなく、誰も抗体を持っていませんでした。１４９２年のクリストファー・コロンブスのサン・サルバドル島到達以降、スペイン人たちが続々と「アメリカ大陸」に渡ります。結果、スペイン人たちが体内で育てていた疫病が大流行。特に、最悪の兵器として機能したのが、天然痘です。しかも、当時のアメリカ先住民は誰一人として、疫病に対する抗体を持っていなかった。結果は、悲劇でした。

日本列島で暮らす縄文人、弥生人、その後の日本人は、大陸との「適度な距離」が故に、アメリカ大陸の悲劇は避けられました。

さらには、水田稲作に加えて青銅器、鉄器が伝わった後も、「コメ」の収量倍率の高さが故に、それほど悲惨な「戦争」は起きなかったのです。

収量倍率とは、播いた種の何倍の収穫があるかの倍率になります。驚くなかれ、コメとコムギの収量倍率の差は、まさしく「文明を変える」ほどに大きいのです。

21世紀、日本におけるコメ（水田稲作）の収量倍率は、１３０倍。一粒の種から、１３０粒のコメが取れる。それに対し、欧州（イギリス）のコムギの収量倍率は、15・7倍。アメリカにおいてすら、25倍。コムギは、水田稲作に較べて極端に収量倍率が低いのです。

上記は「現代」の話ですが、中世の日本にあっても水稲の収量倍率はそれなりに高く、20倍。欧州は、わずかに5倍でした。無論、上記は気候がコムギ生産に適していない欧州の数値です。コムギ農耕による定住型文明で栄えた古代メソポタミアや古代エジプトの収量倍率は、欧州はもちろん、アメリカと比較してすら圧倒的に高い数値でした（さもなければ、文明は勃興しなかったでしょう）。

日本の水田方式の稲作は、メソポタミア、ナイルほどではないにしても、人口の増加をもたらし、比較的安定した社会環境が、技術の蓄積・継承を可能としました。生産性が高い社会は、内戦や内乱とは無縁になります。十分な生産が可能なのであれば、わざわざ共同体内部で奪い合う必要はありません。代わりに、外敵の侵略を招くことが多いのですが、日本列島の場合は「日本海」「東シナ海」という天然の防壁により守られていました。

日本の建国

さて、日本の建国ですが、中国の史書に最初に登場するのは、現在の福岡市近辺を勢力下に置いていた「奴国」です。奴国は、中国の『後漢書』に明記されている、光武帝（後漢の初代皇帝）が送った金印が福岡市志賀島から発見されているため、存在を疑いようがありません。

「建武中元二年、倭奴国、貢を奉じて朝賀す、使人自ら大夫と称す、倭国の極南の界なり、光武、印綬を以て賜う」

奴国が金印を受けたのは西暦57年ですが、その後、九州北部は魏志倭人伝のいう「女王の国（邪馬台国）」の支配下に入ります。邪馬台国の位置は、魏志倭人伝の、

「帯方郡（現、北朝鮮南西部、韓国京畿道）から倭の地に行くのには（略）倭の北岸の狗邪韓国に到着するまでに7000里余りある。

そこではじめて1000里余りの海を一つ渡ると、対馬国に到着する。

そこからまた南に行って、1000里余りの海を一つ渡る。（略）一大国（壱岐国）に到着する。

また一つ1000里余りの海を渡ると、末盧国《まつらこく》（現、唐津市）に到着する。

南に陸地を行くこと500里で、伊都国（現、糸島市）に到着する。伊都国にも代々の王がいるが、みな女王国に統括され帰属している。（帯方郡からの）郡使が往き来するとき、いつも駐留する所である。

東南に行って奴国（現、福岡市）に到着するまで100里ある。

東に行って不弥国《ふみこく》（現、宇美町）に到着するまで100里ある。（略）

南に行くと、邪馬台国に到着する。女王が都を置いている場所である。水上を航行して十日、陸上を行って一か月かかる。（略）

そのさらに南に、狗奴国《くなこく》（熊襲《くまそ》、現、熊本市）がある。この国では男子が王となっている。その長官には、狗古智卑狗《くこちひこ》（菊池彦）がいる。女王には服属していない。

帯方郡より女王国に到着するまでには、全部で1万2千里余りになる。

その道程や里数を計算すると、ちょうど会稽（現、上海近辺）の東冶の東に位置している。

女王国より北側の地には、特に一大率を設置して、諸国を点検・監察させている。諸国は、一大率を怖れ憚《はばか》っている。いつも伊都国（糸島市）に駐在していて、中国においての刺史のように見える。

女王国の東側の海を渡って1000里余り行くと、また国がある。みんな、倭人の種族である」

といった記述から、旧・山門郡《やまとぐん》（現、みやま市、山鹿市）で確定でしょう。

1帯方郡から女王の国まで1万2千里。帯方郡から不弥国までだけで、1万７００里を消化してしまっているので、女王国は不弥国から３００里以内。

2女王国の南に「狗奴国」があり「狗古智卑狗」がいる。これが「熊襲国」「菊池彦」ではないと考えるのは、無理がある。

3女王国の「北」の伊都国に一大率を設置している。伊都国は、疑いようもなく糸島市。

というわけでございまして、魏志倭人伝を「普通」に読めば、邪馬台国の位置は現在の福岡県みやま市近辺以外には「有り得ない」のです。

邪馬台国が九州にあったことを否定する人は、魏志倭人伝の、

「（不弥国から）水上を航行して十日、陸上を行って一か月かかる」

を問題視しますが、当時の筑後平野には、吉野ケ里遺跡（佐賀県）を初め、多くの弥生文明の集落がありました。中国の使者は「国情調査」も目的だったため、各集落あるいは「各国」に滞在し、現状を調べたはずです。さらには、中国の使者が来たのであれば、各国は歓待し、歓迎の宴を開き、帰る際には使者側が返礼の宴を開く。不弥国から女王の国、現代の地名で言えば宇美町からみやま市まで「陸行一か月」かかっても、別に不思議はありません。

さて、上記を踏まえて「日本の建国」の話に入りますが、日本国の始まりは、天照大神の孫

（天孫）である瓊瓊杵尊《ににぎのみこと》の曾孫にあたる「神倭伊波礼毘古命《かむやまといわれびこのみこと》」、長いので「イワレビコ」と呼びますが、現在の宮崎県、日向の国に住んでいたイワレビコが、息子や兵士たちを連れて大和（奈良県）に旅立った「神武東征」から始まります。

２０１９年11月20日、日本の大手新聞社は、奈良県御所《ごせ》市の中西・秋津遺跡で、弥生時代前期（約２４００年前）の水田跡約３５００平方メートルが見つかったことを一斉に報じました。御所市の中西・秋津遺跡の水田跡の面積は、約４万３０００平方メートルに達し、弥生前期としては国内最大。

「地形を考えると、総面積は10万平方メートル以上になる可能性がある」

と、研究者は語っています。

当時の奈良盆地には「奈良湖」があったことが、地形学により証明されています。周囲を山々に囲まれ、真ん中には湖がある。森林の木々は、エネルギーです。当時の人々にとって、森の木々を燃やす以外に、煮炊きのエネルギーを得る方法はありませんでした。さらに、人間は新鮮な水が継続的に必要なのに加え、水田稲作のためにも水資源が必須です。

また、日本人は縄文文明の時代から、動物性タンパク質を海産物から摂取していました。さらには交易のためにも海に近ければ理想的。奈良盆地は、生駒山の向こう側はすぐに海という、パーフェクトな環境でした（※当時の奈良から見た生駒山地の西、河内平野は海でした）。

そして、水田稲作による農耕定住型文明である以上、土地や水資源の奪い合いを想定せざるを得ません。奈良盆地は、防衛拠点としても極めて優れていたのです。

奈良盆地は周囲を森林に囲まれ、奈良湖や河川があり、生駒山の向こうはすぐに河内潟（当時）で、盆地であるため防衛が容易という、まさに「理想郷」だったのです。結果、現地に赴いたと思われる塩土の翁の報告を受けたイワレビコは、

「私が塩土の翁に聞くに、東方に美しい国があり、青い山々が四方を囲んでいる。そこに、天磐船《あまのいわふね》に乗って飛び降《くだ》った者がある、と、このように告げた。思うにその国たるや、必ずや天下を治めるこの事業をひろめ、あまねく威光を輝かすに足りるだろう。つまりは天地の中心というものだ。この飛び降った者というのは、きっと饒速日《にぎはやひ》だろう。この国に行って、一つそこを都としようではないか」（『日本書紀』より）

と、新天地を目指して日向の国を旅立ちました。

イワレビコのルート（図5―2 P．275参照）を見ると、非常に興味深いことが分かります。

イワレビコは、九州東岸に沿って北上し、日向から大分県の宇佐、福岡県の岡田と、女王国

図5-2｜神武東征のルート

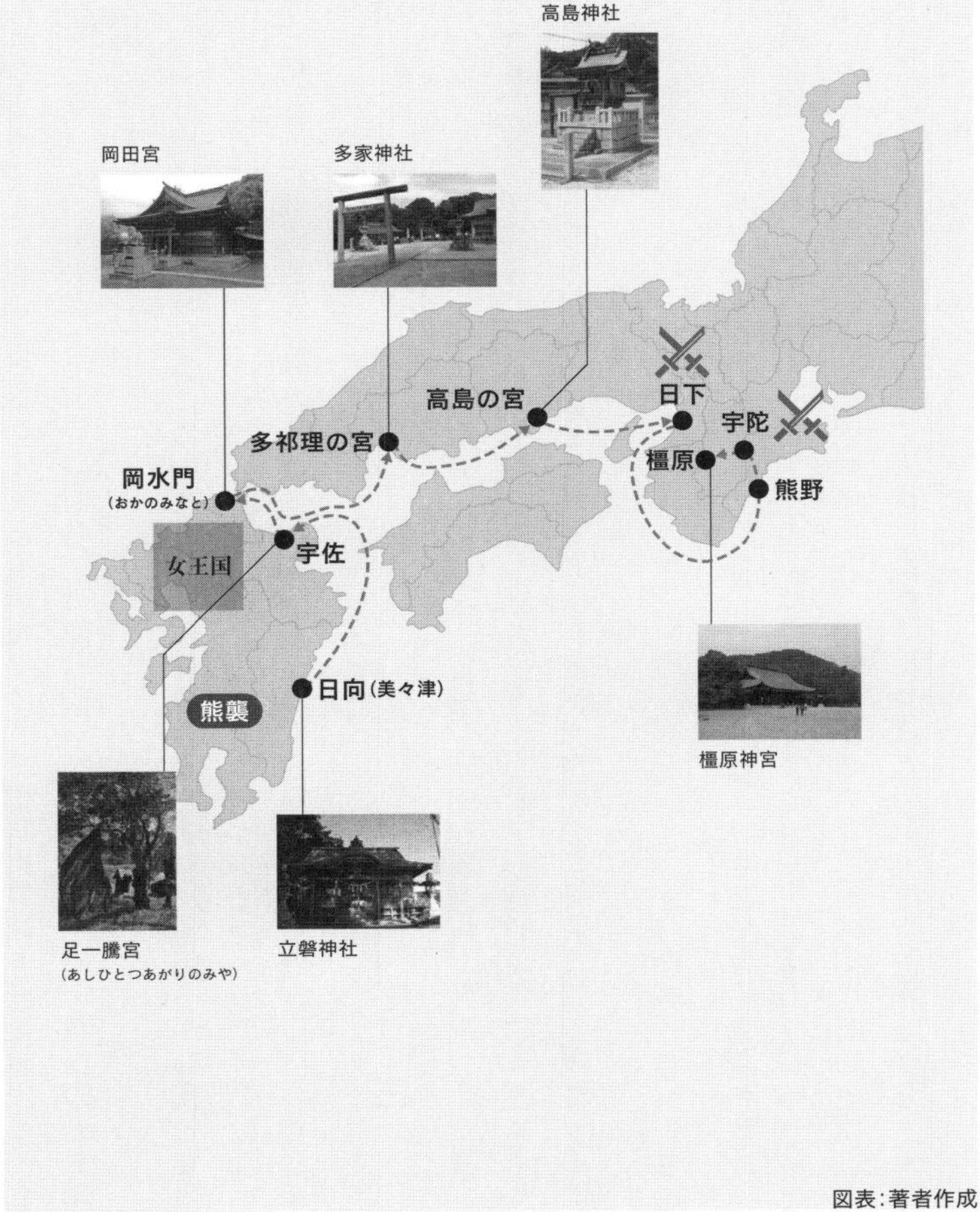

図表:著者作成

（邪馬台国）を囲む国々の地に逗留し、瀬戸内海に入ったのです。当時の九州北部において、邪馬台国は圧倒的な強国だったのでしょう。何しろ、邪馬台国は朝鮮半島経由で中華帝国とも関係が深かったのです。

イワレビコは、日向から見れば阿蘇山の向こう側に、邪馬台国という「強国」が存在している状況で、より大きな力を得るべく、奈良盆地を目指した。東征のついでというわけではないのでしょうが、戦略的に邪馬台国を囲む位置にある国々と「よしみ」を結んでいったのでしょう。

北九州を離れたイワレビコは、瀬戸内海を東に進み、広島、岡山を経由し、大阪でナガスネヒコと戦い、敗れ、紀伊半島を回り込む形で奈良盆地に入りました。最終的には、ナガスネヒコを打ち破り、橿原《かしはら》で「天皇」に即位します。これが、初代天皇である神武天皇「東征」の物語です。

イワレビコの「神武東征＝日本の建国」がいつなのか。これは、日本書紀や古事記の記述、および地形学の発展により、ほぼ確定しています。縄文海進により、現在の大阪市はかつて「海の底」でした。その後、海岸線が次第に引いていき、紀元前１０５０年から紀元前50年頃まで、大阪市は「河内潟」となります。河内潟の時代、満潮時には現在の河内平野は水で満ち、干潮になると「川」が出現したことが分かっています。

さて、上記をご理解頂いた上で、イワレビコの大阪突入のシーンを読んでみましょう。

「こうして、さらに吉備の国から東へ、東へとのぼっていったが、やがて一行の船は、波荒く、立ち騒ぐ、波速の渡りを過ぎて、波静かな白肩の港に停泊した」（『古事記』より）

「難波の碕《みさき》まで来ると、潮の流れがたいそう速かった。そこで、浪速国《なみはやのくに》と名付けたが、また浪花《なみはな》ともいう。いま難波《なにわ》というのは、それがなまったものである。

三月の十日、川をさかのぼって、まっすぐに河内の国の、草香の村の、波静かな白肩の津に着いた」（『日本書紀』より）

古事記や日本書紀に書かれている「浪速の岬を巡り、川を遡って白肩の津に向かう」は、紀元前50年よりも後になってしまうと不可能なのです。つまりは、日本の建国は「紀元前50年」よりも前になります。

日本書紀の年期をそのまま「西暦化」すると、神武東征は紀元前660年になりますが、雄略天皇辺りまで大和王朝は「春一年、秋一年」とする春秋年を使っていたようです。魏志倭人伝が含まれる中国の史書「三国志」に、5世紀の政治家、歴史家である裴松之が、「倭人は歳の数え方を知らない。ただ春の耕作と秋の収穫をもって年季とする」という「注」を残しています。

古代史研究家の長浜浩明氏が『日本の誕生　皇室と日本人のルーツ』で春秋年を前提に「皇紀」を「西暦」に換算しています。長浜氏によると、神武東征は紀元前70年。大阪の地形変遷とも整合します。

イワレビコは神武東征の後に、奈良盆地の橿原で日本の初代天皇に即位しました。神武天皇の東征と即位こそが、日本の「建国」なのです。

記憶喪失の民

長々と「日本の建国」について書いてきましたが、読者の皆様は神武天皇の「東征」についてご存じだったでしょうか。大東亜戦争敗北後のGHQ主導の検閲や歴史学者の公職追放を受け、我が国は「建国の歴史」が子供たちに教えられない国に落ちぶれました。歴史の教科書の多くには「神武東征」のエピソードがありません。

建国史とは、人間に例えると「生まれ育ち」です。我々人間一人一人のアイデンティティは、

「どこで生まれ、どのように育ったのか？」

により、かなりの部分が規定されます。生まれ育ちが分からなくなってしまう、いわゆる「記憶喪失」になった人間は地獄です。何しろ、自分が誰なのかも分からなくなってしまいます。

まさに現在の日本国民は、建国史を奪われ「記憶喪失の民」と化しています。となると、いずれは国民意識（ナショナリズム）が成立しなくなり、民主制が崩壊する。というよりも、現在の日本はまさに「民主制崩壊」の過程にあるように思えてなりません。

ところで、日本文明は縄文、弥生の時代を経て、古墳文明の時代に入ります。これもまた、歴史の教科書には載らないのですが、古代日本の土木技術の発展は、まさに「大帝国」と表現しても過言ではないほどの高みに至りました。

君主制の国では、主権は国王や皇帝など、特定の個人が独占しています。圧倒的多数の一般の人民が、国王や皇帝に「主権がある」と認める理由は何でしょうか。無論、軍事力や警察力などの「権力」は、人民を従えるでしょうが、それだけでは長期の権力維持は困難です。皇帝、国王、封建領主、貴族といった人民を従える「主権保持者」たちには、自らが行使する権力について、何らかの理由、あるいは「言い訳」がいるのです。

理由、言い訳として利用されるのが「権威」です。権力者には、権威が必要なのです。アメリカ大統領が地上最大の権力を行使できるのは、

「アメリカ国民の選挙で選ばれた」

という民主制における権威があるためです。

民主制ではなかった、過去の多くの国々において、主権者＝君主の「権威」は何だったのか。最も分かりやすいのは、

「この君主は、これこれの理由により、皇帝の座についている」

といったストーリーになります。例えば、中国の易姓革命です。

易姓革命とは、徳を喪失した皇帝は弑逆《しいぎゃく》され、新たな有徳者が天命を受け、新皇帝として即位するという考え方です。人民の中で誰が新皇帝の玉座に上るかは「自由競争」でございます。無論、実際には易姓革命とは単なる皇帝弑逆の言い訳として持ち出された「天命説」にすぎません。最も暴力的にパワーを持った者が、それまでの皇帝を殺し、新たに玉座に登る。となると、新皇帝を権威づける何かが必要になり、結果的に編み出された理屈が「易姓革命論」というわけです。

もっとも、人間が意外に「権威」を感じるのは「継続」です。国王の子供が太子となり、国王崩御の後に王統を継ぐ。「前の国王の子供」という理由だけで、新国王は権威づけられます。

貴族階級も同じです。無能な貴族の若様であっても、「貴族の血統」を継いでいるというだけで、それなりに権威があるように見えるのです。親子間で能力が受け継がれるケースは少ないですが、血統は世襲されます。

そして、長い年月「血統」が継がれていくと、それなりの価値が生じます。理由は、「これだけ長く続いてきたのは、何らかの良き理由があるからだろう」という印象を人々に植え付けることが可能だからです。それはまあ、数百年、数千年と継続したならば、何らかのメリットがなければ説明がつきません。長く続くということは、それだけでも「他よりマシ」な可能性が高いのです。

この種の「長く続いてきたことによる力」を「伝統」と呼びます。伝統と聞くと「古臭い」と思われる方がいるかも知れませんが、長く続いてきたことには、それなりの理由があるのです。といいますか、長く続く理由がなければ、長く続かない、と表現した方が良いでしょうか。

例えば、我々が日常的に食べている食物の多くは、過去の人類が何百年、何千年と食してきたものです。だからこそ、安全。「過去、食べ続けられた」という伝統が、食物の安全性を保障してくれます。逆に、人類が食べ始めて四半世紀程度しか経っていない「遺伝子組み換え作物」は、メーカー側がどれだけ安全性を強調しても、

「安全かどうかわからない」

というのが真実です。理由は、人類に遺伝子組み換え作物を食べ続けたという伝統がなく、中長期的な悪影響の有無を確認できないためです。

というわけで、王朝が「血統」を重視し、親から子へ、孫へと王位が継承されることには「伝統」という根拠があるのです。長く続く血統という伝統が、君主に「権力を持つ」理由である「権威」を与えてくれるわけですね。

さて、紀元前50年「以前」にイワレビコが神武天皇として即位し、我が国の皇統が始まりました。神武天皇を始祖とする大和王朝は、初期は近隣の豪族と婚姻関係を結ぶことで、次第に勢力を拡大していきます。第十代の崇神天皇の時代になると、四道将軍を北陸、東海、山陽、丹波に派遣し、第十二代の景行天皇は「背いた熊襲」を討つために、九州に遠征しています。つまりは、当時の大和王朝は熊襲と同盟を結んでいたのです。理由は、もちろん邪馬台国の挟撃でしょう。

邪馬台国を滅ぼし、奴国など九州の強国をも傘下に収めた大和王朝は、3世紀末頃から○と△が組み合わされた巨大な墓標、いわゆる前方後円墳の建設を始めます。最古の前方後円墳は、建造が3世紀末から4世紀初頭と推定される奈良盆地纏向《まきむく》の箸墓古墳です。箸墓古墳は、第7

代孝霊天皇の皇女で、オオモノヌシノカミの妻となった倭《やまと》迹《と》々《と》日《ひ》百《もも》襲《そ》姫命《ひめのみこと》の墓になります。前方後円墳の形状は、○が女性、△が男性で、両者の結合を意味しているとの説もありますが、確定はしていません。

ところで、神武東征の頃には「河内潟」だった河内平野は、その後は「河内湖」になりました。河内湖に注ぐ淀川分流や平野川からの流入量が増えると、洪水や高潮などの水害が頻繁に発生しました。そこで、第十六代の仁徳天皇が、淀川分流の流路安定のために20㎞もの茨田堤を築かせたのです。淀川からの水の流入が止まり、河内湖の水位が下がり、陸地化。やがて、河内平野となりました。「土木国家」日本の始まりです。

仁徳天皇の時代、大和王朝は本拠を奈良盆地から難波に移しており、多くの古墳が建てられます。3世紀後半から8世紀初頭にかけ、日本各地に造営された古墳の数は20万基（!）以上にのぼりました。古墳の形態や規模は時代に応じて変遷したのですが、応神天皇、仁徳天皇の時代に造営された前方後円墳で、古墳文明は頂点に達します。

日本最大の前方後円墳「仁徳天皇陵」は、全長約486m、後円部径約249m、高さ約34・8m、前方部幅約307m、高さ約33・9m。巨大墳墓として名高いクフ王のピラミッドや、始皇帝の陵墓を面積で上回る、世界最大の墓標です。仁徳天皇陵の墳丘の総容量は、京都大学の高橋逸夫教授の試算によると、１４０万５８６６立方メートル。現在の10トンダンプトラックにして、25万台分に相当します。これだけの土砂を採取し、運搬するには、高度な土木技術、労働者の管理技術が必要になります。

権威と権力

ところで、現在の天皇陛下は、実は仁徳天皇の直系ではありません。仁徳天皇の玄孫である第二十五代の武烈天皇に子供がおらず、神武以来の男系が途絶えてしまったのです。というわけで、仁徳天皇の父親である応神天皇にまでさかのぼり、その息子、仁徳天皇の弟にあたりますが、稚野毛二派皇子《わかぬけふたまたのおうじ》直系の男大迹王《おほどのおおきみ》が、第二十六代、継体天皇として即位しました。

日本の皇統は神武天皇以来、男系で続いてきましたが、これは実に合理的なシステムです。何しろ、余計な「男」を皇族から排除できます。中国の歴史を見れば分かりますが、皇位簒奪を図るのは、１００％に近い確率で男性なのです。日本の場合、どれだけ能力が高い男性であっても、皇女を妻にすることこそできるものの、自分の子孫を天皇の座に就けることは不可能。自分の娘を皇后とし、孫が天皇になる可能性はありますが、そこまで。一般男性と皇族との距離を開くことで、皇位乗っ取りはもちろん、外戚の専横も防止できる。

皇女が他家に嫁いだ場合、相手がいかなる名家であったとしても、神武直系の男性でない限り、子孫は皇位につけません。皇族のお姫様と結婚した男性や、その子孫が「皇位継承権」を主張することは不可能です。

無論、推古天皇を初め、女性天皇はいましたが、神武天皇の血を引く男系以外の人物が天皇になったことは一度もありません。結果的に、我が国では皇族以外の勢力や、外国を巻き込んだ「継承戦争」が一度も起きたことがないのです。これは、歴史的に注目するべきポイントでしょう。

日本の男系による皇位継承は、権威を安定化させ、「世界最長」の皇統を現在にまで紡いできました。日本こそが、世界最古の国なのです。世界最古の国「日本」は、間違いなく地球上で最強の「伝統」に支えられた天皇の権威により実現したのです。何しろ、二千年を超す伝統です。我々、普通の人間が小さな脳みそで「思いついた」のとはわけが違います。日本の男系による皇位継承は、二千年の検証に耐え抜いたからこそ、現在も継続しています。

また、日本の「権威と権力」が分離したシステムも、国家の長期化に貢献しました。

日本において、天皇は「祈る者」であり、権力者ではありません。ご存じない読者が多いでしょうが、天皇は日本の神道における最高神主です。はるか遠き古代からの血統を守り、国民のために祈る。これが日本の天皇であり、権力を独占し、人民を支配したユーラシアの「君主」とは全く違うのです。

ユーラシアの帝国や王国の場合、権力と権威が一人の人物に独占されています。そうなると、皇帝や国王が「一般意志」とかけ離れた暴政を推進しても、歯止めが利かない。というよりも、普通の人間は権威と権力を併せ持つと「自制」が難しくなります。

結果的に、苛政が「主権なき人民」の怒りを呼び、

「国王を打倒せよ!」

「皇帝を殺せ!」

といった「革命」のエネルギーが膨張していきます。ロックのいう「革命権」や「抵抗権」は、君主と人民が敵対関係にあることが前提になっています。そして、権威と権力を独占する君主に対抗するために、「神」が利用された。自分たちは、

「創造主によって、生命、自由、および幸福の追求を含む不可侵の権利を与えられている」

(『アメリカ独立宣言』より)

それにもかかわらず、自分たちのための政治をしない君主は、打倒されてしかるべきだ。これが、革命権や抵抗権の基本的な考え方です。

ところが、日本は権威と権力が分離されている。権威は天皇が持ち続け、権力者は頻繁に入れ替わる。政治をつかさどる貴族、武士などは、確かに権力者ではあるものの、権威までをも保有しているわけではない。つまりは、ユーラシアのように絶対的なパワーをふるう「専制君主」ではありえない。権威なき権力者には、自然と自制が働きます。

しかも、日本は鎌倉時代以降、西欧諸国と（なぜか）同じタイミングで封建制となりました。君主（将軍）の権力は各地の御家人に分散され、ますます権力集中が困難になっていきます。

聖徳太子は、十七条の憲法を、

「第一条　和をもって貴しとせよ。人にはそれぞれつきあいがあり、この世に理想的な人格者は少ない。それゆえ、とかく君主や父に従わなかったり、身近の人々と仲たがいを起こしたりする。しかし、上司と下僚がにこやかに仲むつまじく論じ合えれば、おのずから事は筋道にかない、どんな事でも成就するであろう」

という条文で始めていますが、権力が集中しないならば、合議制で政治をせざるを得ません。無論、戦国時代の末期に一時的に「実力主義」的な色合いが濃くなりましたが、江戸時代には合議制に戻ってしまいました。何しろ、日本では誰が権力を握ろうとも、権威がない。結果、絶対的な権力者は生まれ得ず、合議制にならざるを得ない。この事実は、決定的に重要です。

ちなみに、日本の皇統あるいは「国体」の特徴である「権威と権力の分離」を始めたのは、聖徳太子です。聖徳太子の時代、蘇我馬子ら「蘇我氏」という強力な豪族が「権力」を握っていました。

聖徳太子は、叔母に当たる第三十三代、推古天皇の皇太子でした。推古天皇の前、第32代の崇峻天皇は、実は蘇我馬子らによって暗殺されています。日本の歴史上、臣下に暗殺された天皇は、崇峻天皇ただ一人です。

聖徳太子は、崇峻天皇と蘇我馬子の権力闘争を目の前で見ていたのです。崇峻天皇が殺され、誰もが聖徳太子（厩戸皇子）が次の天皇になるべきと思っていたのですが、あえて叔母の額田《ぬかた》部皇女《べのひめみこ》を天皇の座に押し上げ（※推古天皇）、自らは皇太子、そして摂政として権力を握った。聖徳太子は権力者として蘇我氏と時に協力し、時に対立し、十七条の憲法を起草し、冠位十二階を定め、遣隋使を派遣し、隋からの使者の謁見にも立ち会っています。遣隋使の返礼に訪れた隋の裴世清《はいせいせい》は「倭王の姓は阿毎《あま》、字は多利思北孤《たりしひこ》」と、明らかに男性名で記録を残しています。謁見した聖徳太子を天皇と誤解したものと思われます。

私にしては珍しく「想像」を書きますが、聖徳太子は蘇我馬子による崇峻天皇暗殺を目の当たりにし、「権力と権威」を分ける必要があると考えたのではないでしょうか。権力とは、人々の生活に直接的に影響するため、権力者は時に「打倒」の対象となります。また、権力を持つ限り、権力を欲する別の者（例：蘇我氏）との「政治闘争」は避けられません。

天皇が権力をも併せ持つ場合、群臣との政治闘争が普通に起こり得ます。ならば、権威と権力を分け、自らが「摂政」として権力を持てば？　権力闘争は、自分がやればいい。最悪、「打倒」「暗殺」の対象になるのも自分。自分という権力者が倒れても、権威を持つ推古天皇に害は及ばず、皇統という日本の国体は揺るがない。という理由から、聖徳太子は推古天皇という「権威」の下で、権力者として蘇我氏と渡り合い、最後まで皇太子、摂政として人生を送ったと、私は確信しているのです。なぜならば、極めて合理的だからです。

つまりは、聖徳太子こそが権威と権力を分け、国内政治を安定化させる日本方式の「生みの親」なのでございます。

そして、男系皇統や「権威と権力の分断」といった優れたシステムが、我が国を「世界最古の国」とした。さらには、仁徳天皇陵からも分かる通り、古代エジプトと張り合えるのではないかと思いたくなるほどの、水田稲作の生産性。

しかも、大陸からの距離が「ほどほど」であるため、人間や文化、情報は入ってくるものの、軍隊は送られてこない。もっとも、疫病は海を越えてきたため、「大航海時代」前の段階で、人々が抗体を持つことができた（厳密には抗体を持たない人々は死んでしまったのですが）。

日本は本当に幸運な国です。いや、幸運な国でした。

天皇と民主制

意外に思えるかもしれませんが、日本の皇統のシステムは、民主制とも相性が良いのです。何しろ、陛下は権力なき「祈るお方」でございますので、日本の国民が「打倒せよ！」などと叫ぶ対象にはなりえません。陛下は権力をお持ちではないため、日本国民の生活やビジネスに直接的に影響を及ぼされる方ではないのです。

それにもかかわらず、天皇陛下の「権威」は、何しろ伝統という意味では地上最強です。我々は「天皇」を中心に、日本国民として自然と連帯し、助け合い、民主制に必須のナショナリズムを育む。その上で、主権者として投票することで、権力者たる政治家を選ぶ。権力を握った政治家や総理大臣とはいっても、権威は皆無。権威は、あくまで陛下がお持ちです。

日本では、いかなる政治権力者といえども、権威を併せ持つ「王」にはなれない。逆に言えば、権力者には誰でもなれる。太閤、豊臣秀吉は低い身分から成り上がり、日本国の最高権力者に上り詰めました。とはいえ、権力はあれども、権威はない。権威は、あくまで天皇のみが持つ。

現代にしても、どれだけ選挙に強く、政治力が圧倒的な総理大臣であっても、権威を併せ持つ王にはなれない。せいぜいなって「今太閤」。

これは、なかなかに理想的で優れた民主制だと思います。ルソーやロックが日本の「天皇＋民主制」のシステムを知ったら、どんな顔をするでしょうか。

もっとも、現在は日本の理想的な「天皇＋民主制」というシステムが崩壊過程にあります。始まりは、大東亜戦争の敗北です。

１８６７年の大政奉還、厳密には１８９０年の大日本帝国憲法施行から１９４７年の日本国憲法施行まで、天皇は「祈るお方」ではなく「統治者」にされてしまいました。大日本帝国憲法第一条では、

「大日本帝国ハ万世一系ノ天皇之ヲ統治ス」

となっていました。

もっとも、当時の世界は欧米諸国の「帝国主義」の時代で、アジアでは日本とタイを除くすべての国が、イギリス、オランダ、フランス、アメリカなどの「植民地」にされていました。植民地では、現地住に主権が与えられず、宗主国が所得や富（資産）を吸い上げることのみを目的とした政治が続きます。人々は白人の過酷な支配に苦しみ、それが当たり前の時代が何百年も続きます。

白人支配を打ち壊すきっかけになったのが、我が国でした。１９０４年に勃発した日露戦争で、日本国は典型的な「第二地域の帝国」であったロシア帝国に勝利しました。苛烈な植民地支配に苦しむ何億もの人々が、「白人は無敵ではない」という事実を知ったのです。

もっとも、当時の日本の強国化は、天皇の権威を利用した「権力の集中」に依存していたのは確かです。つまりは、１９４５年までの日本の先人たちは、欧米諸国の脅威に対抗するべく、日本国を「欧米化」したのです。とはいえ、誤解しないでほしいのは、大東亜戦争敗北前の日本にしても「民主制」を採用していたという事実です。実際、選挙によって政権が頻繁に変わっていました。日本の民主制が揺らいだのは、治安維持法が改正され、言論の自由が制限された１９４１年以降の、せいぜいが五年間ほどの期間にすぎません。

さて、１９３７年に支那事変が勃発し、１９４１年には対米英開戦。日本は国家総動員の戦争に突入することになりますが、支那事変から敗戦までの一連の戦争が「大東亜戦争」です。東条内閣が、支那事変以降の戦争について「大東亜戦争と呼称する」と閣議決定したため、他の呼称はあり得ません。

大東亜戦争では、

「欧米諸国によるアジアの植民地を解放し、大東亜共栄圏を設立してアジアの自立を目指す」

という理念が掲げられました。

もちろん、日本軍が正義の軍隊だったと言いたいわけではありません。ありませんが、アジアの人々から主権を奪い、簒奪の政治を続け、反抗する現地住民を残虐に殺戮していた欧米諸国よりは、相対的にはマシな大義名分だったのは確かです。当時は、アジアの欧米植民地では、現地住民が国家を持てず、各種の権利を認めてもらえず、反抗する者は容赦なく殺されていた「時代」でした。

しかしながら、日本は連合軍というよりは「アメリカ軍」との戦いに敗れ、1945年8月15日に降伏。日本を占領したアメリカ軍、GHQによる「日本改造」が始まりました。

大東亜戦争は「太平洋戦争」に改められ、オーウェルの「一九八四年」も真っ青になるほどの検閲、情報統制。真っ当な知識人、歴史学者たちまでもが公職追放。皇国史観は自虐史観に塗り替えられ（皇国史観が褒められた歴史観とは思いませんが）、日本人は「建国史」を失い、記憶喪失状態になっていきます。

ジョージ・オーウェルの小説『一九八四年』の舞台オセアニアは、まさに「嘘」が「真実」として流布を強制される世界です。

「過去を支配する者は未来を支配する。現在を支配する者は過去を支配する」

『一九八四年』では、人々が「ビッグブラザー（独裁者）」に支配され、イングソック（イングランド社会主義）の指示するままに、真実が次々に塗り替えられていきます。

我が国では、アメリカや連合国に都合が悪い「事実」は抹消され、敗戦前の日本国を貶める情報（しかも「捏造」）ばかりが報じられ、人々のメモリーが書き換えられていきました。教科書からは「神武天皇」「神武東征」「任那」「神功皇后」といった、古代史を理解する上で必須の用語が消滅し、

「誰も教えない。誰も語らない」

時代が七十年以上も続いた結果、日本国から「建国史」が消滅するに至ります。我々は、生まれ育ちが分からない記憶喪失の民と化しました。

もっとも、それでも「昭和」の御代は今よりはマシだったのです。何しろ、当時の日本人は政治家も一般国民も、戦争という最も強烈なナショナリズムの発露を経験していたのです。戦

場で、あるいは戦火にさらされた街で、人々は「助け合う」ことなしでは生き延びることができません。

無論、戦後の思想は「反戦」一色にはなりましたが、だからと言って「国民の連帯」「国民の助け合い」であるナショナリズムを全否定する人はいなかったでしょう。ナショナリズムに基づき、国民が連帯しなければ、過酷な世界で生き抜くことは不可能という現実を理解していた。

昭和天皇は、敗戦の翌年（１９４６年）から１９５４年にかけ、全国を巡幸され、虚脱状態に陥っていた国民を慰め、励まされました。昭和天皇の全行程は３万３千キロに及び、一日の平均移動距離は２００キロに達する強行軍でした。

１９４７年に日本国憲法が施行され、天皇は「統治者」から「象徴」となられましたが、私はそれ自体は良かったのではないかと考えています。そもそも、天皇が権力までをも保有することは、日本国の伝統に反します。

55年体制の崩壊

さて、昭和天皇が巡幸を終えられた翌年にスタートしたのが、まさに55年体制です。

55年体制とは、中選挙区制とセットで語られます。中選挙区制とは、１９９４年まで続いた日本の選挙制度で、一つの選挙区から複数人が選出されます。

55年体制に中選挙区制が組み合わさると、例えば三人区であれば「二人自民党、一人社会党」、五人区であれば「三人自民党、二人社会党」といった結果になるわけです。無論、五人区で「二人自民党、一人社会党、一人共産党、一人無所属」など、色々なケースがありますが、いずれにせよ重要なのは、中選挙区の場合、

「自民党は議席の過半数を維持するものの、三分の二は取れない」

状況が続くことです。当時の社会党は、もちろん「護憲」勢力です。社会党に次ぐ野党であった共産党も「護憲」です。となると、護憲勢力が常に国会の議席の三分の一強を占めることになり、憲法改正は実現できません。

もっとも、当時の中選挙区制度が日本国民の一般意志を実現する上で間違っていたかといえば、そうではなかったと思います。何しろ、一つの選挙区に複数の自民党議員が当選するわけで、当然ながら議員の政策は多様化しました。まるで正反対の政策を叫ぶ自民党議員が「同じ選挙区」で当選するわけです。政策的な相違は、当然ながら自民党、国会内の議論にまで持ち込まれます。

結果的に、自民党「内」における政策グループ、いわゆる「派閥」が強化されていきました。「派閥」と聞くと、ネガティブな印象を受けるかもしれませんが、とんでもない。自民党内に複数の派閥があるということは、総理大臣なり内閣が失政を犯す、あるいは「露骨な嘘」をついた場合に、猛烈に批判し、政権を覆すことが可能な勢力が「自民党内」に存在したことを意味します。いざとなれば、自民党内からの圧力で、政権を失いかねない。当然ながら、総理大臣や内閣の暴走は不可能でした。

当時の自民党は、野党に政権を奪われる可能性は皆無に近かった。とはいえ、強力な政敵が「党内」に存在したわけで、それなりに自浄作用が機能したのです。

また、55年体制下では官僚制度が強固であり、民主制の暴走に対する防御壁の役割を果たしました。派閥政治、官僚制度、あるいは「専門家議員」である族議員たちにより、55年体制における日本の政治は政権の「暴走」や総理大臣の「独断」はもちろん、露骨な「嘘」が平気でまかり通ることもありませんでした。

ところが、91年末にソ連が崩壊し、冷戦が終了した頃から、55年体制、中選挙区制における「決められない政治」が批判の的となります。第四章で断言した通り、政治が素早く決断した政策の多くは、国民を不幸にします。国民を不幸にするからこそ、邪な政治的意図を持つ勢力は「即決」をしたがるのです。

興味深いことに、日本において55年体制批判が始まったのは、ソ連という敵が消え、次なる仮想敵国として「経済大国日本（※当時）」を選択したアメリカからの構造改革要求と時期を同じくしています。日本の市場について「閉鎖的」と断定し、アメリカ産の財やサービスの売り込みを容易にすることを求める構造改革が始まったのは、1989年です。第15回先進国首脳会議（フランスのアルシュ・サミット）において、ジョージ・ブッシュ大統領（当時）が宇野宗佑首相（同）に、「日本の構造改革」を要求。宇野首相が了承し（わずか、15分の会談だったと言われます）、アメリカ主導の日米構造協議が始まりました。

日米構造協議は、英語ではSTRUCTURAL IMPEDIMENTS INITIATIVEとなります。直訳すると「構造的な障害に対する主導権」です。実際には「協議」ではなく、アメリカのビジネス拡大のための要求を、日本が受け入れる仕組みにすぎません。日米構造協議、日米包括経済協議（1993年）、対日年次改革要望書（1994年以降）、日米経済調和対話（2010年）、TPP交渉（2011年以降）、そして日米貿易協定（2019年）で完成に近づいた「属国日本に対する宗主国からの要求」の始まりが、日米構造協議なのです。

アメリカが日本に要求した各種の構造改革は、規制緩和と自由貿易の組み合わせです。当然ながら、日本国内の市場において、アメリカのビジネスが参入を求めた場合、既に財やサービスを展開している日本の事業者とぶつかります。その種の「既存の財やサービスの提供者」に「既得権益」「抵抗勢力」とレッテルを貼り、日本国の安全保障を維持するために、国内事業者を守ろうとする政治家を「族議員」として攻撃をする。

とはいえ、中選挙区制のままでは、構造改革を推進する議員と、反対する議員が共に自民党公認で受かってしまう。となると、自民党内では「構造改革派」と「反・構造改革派」が衝突し、いつまでたってもアメリカが望む改革は実現できない。

だからこそ、選挙制度を小選挙区制に変える必要があった。さらには、派閥の力を弱めるためには、各議員から資金源を奪い、党中央が一括で管理する形に変更する。

というわけで、1993年、自民党の羽田派の衆議院議員が宮沢内閣の不信任案に賛成し、可決。羽田派が「新生党」として離脱し、7月18日に投開票された第40回総選挙において、自民党は過半数を割り込み、敗北。55年体制が終わりを告げ、翌1994年に細川連立内閣において政治改革四法が成立しました。中選挙区制が「一選挙区、一議員」選出となる小選挙区制に改められ、企業や労働組合などから政党、政治団体への政治献金を制限する代わりに、各政党に政府が助成を行う政党助成法が成立しました。

結果的に、特に自民党において「公認権」や「政党助成金の配分の決定権」を持つ党中央部の権力が肥大化していきます。何しろ、小選挙区制では一選挙区で一人しか当選しないため、立候補者にとって「自民党の公認を得るか否か」が死活問題と化します。さらには、政治献金が制限されたため、それまでリーダーが「カネ」をコントロールすることで結束を図っていた派閥も形骸化していくことになります。

中選挙区時代の自民党議員の意見の多様性は失われ、当選した議員も党総裁（＝総理大臣）や官邸、党中央に逆らうことが不可能になってしまいました。下手に党の方針に逆らうと、次の選挙で公認をもらえない。あるいは、政党助成金が配分されない。それまでの自民党のボトムアップ型の政策決定プロセスは、政務調査会や部会、総務会が形骸化することにより失われてしまいます。

一応、派閥は現在も形としては残っています。とはいえ、派閥のトップであっても、党中央に逆らうと、次の選挙で公認をもらえない。政党助成金も回ってこない。となると、当然ながら全ての自民党議員が総裁や党中央の「顔色をうかがう」傾向が強まっていかざるを得ません。

総裁や党中央の意思決定が、そのまま自民党の政策になってしまう。一応、政務調査会などの、いわゆる「平場の議論」は行われるものの、単なるガス抜き。

小泉政権期には、総理の諮問機関である経済財政諮問会議が発足し、「総理の諮問機関に入り込んだ民間人（※民間議員ではありません）が政策を提言し、内閣が閣議決定。そのまま、型通りのガス抜き議論が展開され、国会において法律が成立する」という、現在の政策決定プロセスが完成しました。

特に、第二次安倍政権発足以降は、経済財政諮問会議に加えて未来投資会議、国家戦略特別区域諮問会議、規制改革推進会議といった諮問機関が乱立。諮問機関には、民間の経営者や学者が「民間議員」と称して入り込み、国会議員の頭越しに政策が決まっていくようになります。

ちなみに、総理の諮問機関に影響を与えているのは、日本国内の民間人（企業経営者、学者など）だけではありません。当然ながら、アメリカも一枚かんでいます。日本がＴＰＰへの交渉参加を求めていた時期、日米二か国間協議が行われました。アメリカは結局ＴＰＰから離脱しましたが、協議で合意された事項は有効です。合意事項の中に、

「(9) 日米並行交渉に関する文書
ホ 保険等の非関税措置に関する日本国政府とアメリカ合衆国政府との間の書簡」

があるのですが、そこには、

「3 規制改革
日本国政府は、二千二十年までに外国からの対内直接投資残高を少なくとも倍増させることを目指す日本国政府の成長戦略に沿って、外国からの直接投資を促進し、並びに日本国の規制の枠組みの実効性及び透明性を高めることを目的として、外国投資家その他利害関係者から意見及び提言を求める。意見及び提言は、その実現可能性に関する関係省庁からの回答とともに、検討し、及び可能な場合には行動をとるため、定期的に規制改革会議に付託する。日本国政府は、規制改革会議の提言に従って必要な措置をとる」(傍線は三橋)

と書かれているのです。アメリカを中心とした「外国投資家」の提言を、定期的に規制改革会議(現、規制改革推進会議)に付託する。規制改革会議の提言に従い、日本政府は「必要な措置」を採る。具体的には「総理指示」として閣議決定し、官僚が実務面を詰め、国会で法律を制定する。

上記「規制改革」の文書を読んでなお、我が国がれっきとした独立国であるとの確信を持てる人はいないでしょう。

そして、最後の砦であった「官僚」も、２００８年に国家公務員制度改革基本法が成立し、２００４年に内閣人事局が設置された結果、官邸に逆らうことが不可能になります。高級官僚の人事権を、それまでの人事院ではなく「内閣官房」が持つことになってしまったのです。

安倍政権下では、やたら「官僚の忖度」が目立ちますが、当然です。官邸に逆らい、出世街道から外れるくらいならば、官僚にしても人間です。安倍政権の国民国家破壊の政策であろうとも、見逃すどころか、むしろ実現のために邁進するようになります。

第二次安倍政権発足以降の、様々な統計トリック、あるいは統計詐欺。官邸に気を使わざるを得ない各官庁は、「悪い数字」をそのまま公表することはできない。結果、公共事業支出に「社会資本整備総合交付金」が突っ込まれ、ＧＤＰの基準変更で名目ＧＤＰが30兆円近く増えたにもかかわらず、ＧＤＰ目標（６００兆円）は据え置き、賃金統計のサンプルを変更し、「給料が高いサンプル変更後の企業群」と「給料が低いサンプル変更前の企業群」を比較し、賃金水準が上がっていると見せかけ、２０１４年４月の消費税増税による急激な景気の落ち込みもなかったことにしてしまい、「いざなぎ越えの好景気」と発表。

各種の統計マジックは、民主党政権期までは（自民党政権であっても）行われなかったのです。

第一章で、安倍政権が「月例経済報告」などにおいて、堂々と「嘘をついている」ことを指摘しました（「月例経済報告」だけではないですが）。何しろ、1993年の五十五年体制崩壊後の各種の制度改革により、与党議員は誰も党総裁に逆らうことが不可能になり、官僚も自らの出世を望むのならば、官邸に抗えない状況になっています。

現在の日本国の政治システムは、総理大臣や閣僚が平気で嘘をつける構造（図5―3 P．305参照）なのです。聖徳太子以来、権威と権力が分離され、我が国では「独裁者」は生まれ得ない政治システムになっていました。それがついに、総理大臣が権威なしであっても、反対論を押しつぶして特定の政策を推進できる構造になったわけです（安倍総理に限らず、誰が総理大臣であっても、構造が変わらない以上、同じ状況になります）。

無論、総理の権力が肥大化することは、諸刃の剣ではあります。例えば、総理大臣が「日本国民を豊かにする」「日本国民の安全を守る」政策を強行しようとした場合、政治家や官僚の反対を押し切ることも不可能ではなくなりました。とはいえ、大変残念なことに、55年体制崩壊以降の日本の権力集中の改革は、グローバリズムを推進すること「のみ」に活用されてきました。

図5-3｜2020年3月時点の安倍政権の意思決定の構造

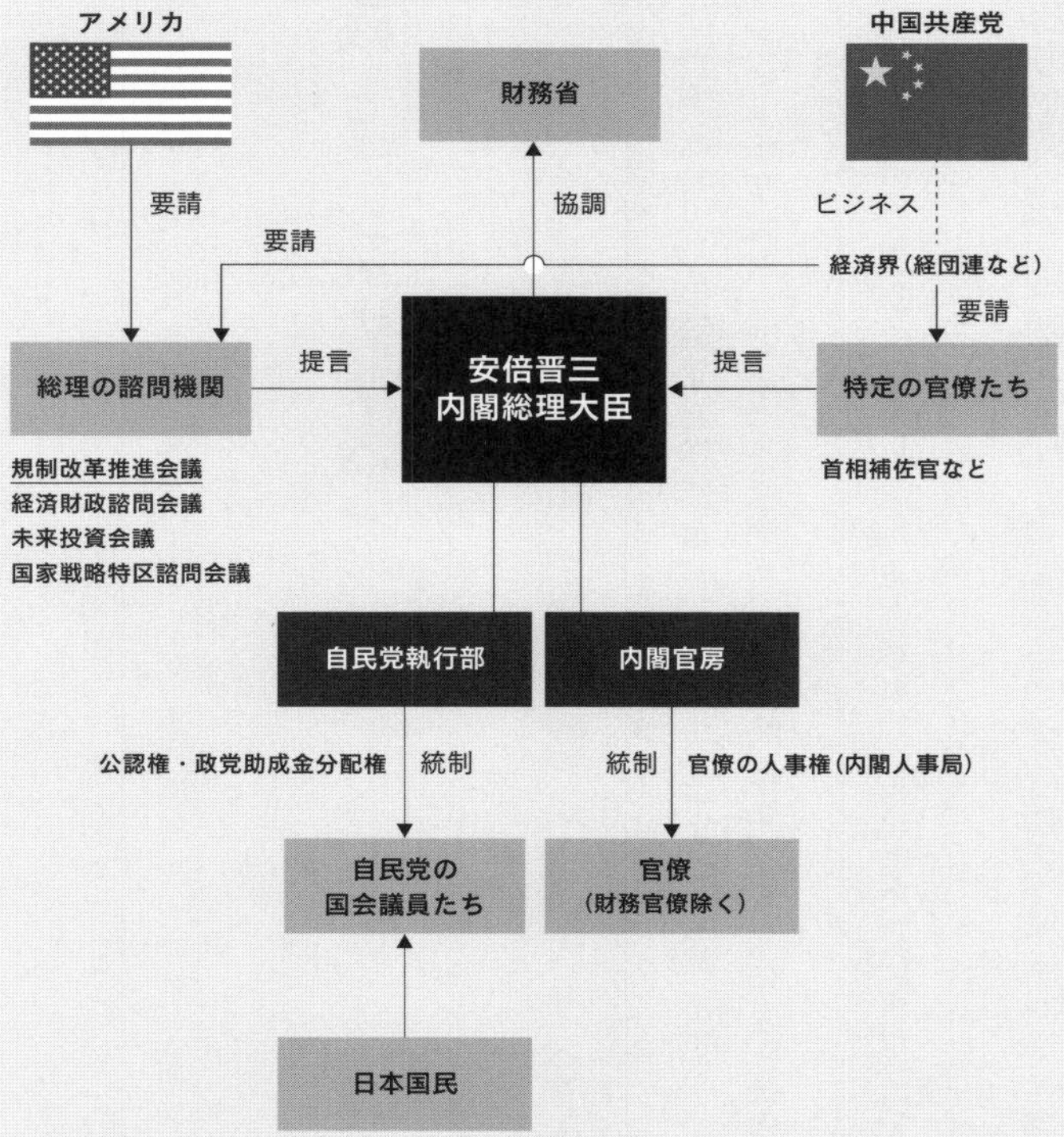

図表：著者作成

大平正芳以降、自由民主党ではグローバリズムに親和性が高い政治家が増えていきます。そして、2014年の内閣人事局設置をもって、ついに反グローバリズムの政治勢力の反対を押し切る、いや反対勢力を押しつぶす形で、日本国民の一般意志を踏みにじる政策を「楽々と推進できる」構造が完成したのでございます。

財政とナショナリズム

無論、日本が民主制を採用している以上、国民の多数派がグローバリズムに「NO」を突きつければ、総理大臣や内閣、自民党の暴走を押しとどめることは可能です。ところが、我が国は何しろ大東亜戦争敗北以降の情報操作により、国民が記憶喪失状態に陥ってしまっています。特に「国家」「ナショナリズム」といった単語に、反射的に嫌悪感を抱く国民が多数派でしょう。

さらに、民主制について正しく理解しているグローバリストたち（※政治家含みます）は、マスコミを巧みにコントロールする。結果的に、自分たちを守ってくれる存在は、最終的には国家しかない。非常事態が発生した際には、国民同士が助け合わなければならない。国民が連帯しないことには、我々はこの災害列島で生き延びることができないといったナショナリズムの基本を、国民が忘れ去ってしまっている。

個人的な体験で恐縮ですが、2020年1月末、COVID—19のアウトブレイクを受け、中国の武漢市が封鎖された際に、日本政府はチャーター機を派遣し、武漢在留の日本人を帰国させようとしました。当初、日本政府はチャーター機で帰国する在留邦人に対し、片道分の正規のエコノミー料金を請求する方針を掲げていました。

私は、猛烈に批判しました。理由は、政府が「同じ国民」を助けるために「カネ」をとることとは、国民を「カネで選別している」に等しい行為だからです。分かりやすい例を出すと、次なる大震災が発生し、瓦礫の下敷きになっている人を助ける際に、

「助けてもいいけど、料金払えますか？　受益者負担です」

と、言うのでしょうか。あるいは、拉致被害者救出の際に、

「カネを負担できる被害者は助けます。受益者負担です」

と、被害者を「選別」するのでしょうか。

国家とは、非常事態が発生したならば、同じ国民を「無条件」で助けなければなりません。理由は、我々が日本国家という共同体を共有する「同じ国民」であり、いざ非常事態が発生した際には、連携し、協力し合わなければ生き延びられないためです。

震災の際に、家族が瓦礫の下敷きになり、助けを求めた人に、

「カネ、払える？」

と訊く行為が、どれほどおぞましいか。

以前、中国で子供が溺れていて、親が助けを求めた際に、周囲の人が「いくら払える？」と尋ねたというエピソードを（中国人から）聞き、のけぞった記憶があります。

「中国って、そういう社会なのか……」

と、あきれ返ったわけですが、我が国では政府が「緊縮財政至上主義」の下で、カネ、カネ、カネ。非常事態時に「国家」に助けてもらった際に、カネを請求されるという「腐った国家」になり果てていたことにショックを受けたのです。

非常事態は、いつ、誰に襲いかかってくるか分からない。武漢に滞在していた「同じ国民」にしても、「こんなことになる」と予想していた人は一人もいないでしょう。

それでも、非常事態は発生する。そのときは「カネ、カネ、カネ」などとやらずに、無条件で国民が「同じ国民」を助けるのです。それが、国民国家であり、国民意識（ナショナリズム）の根幹です。

2015年にフリージャーナリストの安田純平氏がシリアで国際テロ組織であるISに拘束された際に、「シリアに入国した安田氏の自業自得だ」という自己責任論があふれました。と

はいえ、当時も私は、

「安田氏の行動は愚かだったかも知れないが、それでも国家は彼を無条件で助けなければならない」

と、主張しました。なぜならば、安田氏も日本国民であることに変わりはないためです。

例えば、皆さんの家族の一人が大変愚かな行為をし、危機に陥ったとして、見捨てますか？見捨ててはなりません。「国家」とは「国の家」と書きます。同じ日本国民である以上、私たちは家族も同然なのです。だからこそ、いかなる状況であっても、国家は国民を救うために最大限の努力を払わなければならない。

というわけで、政府の「チャーター機に乗る国民から料金を徴収する」方針を批判したわけですが、ツイッターなどで猛烈な反発を受け、面食らってしまいました。

「自己責任だから費用をとるのは当然だ」

「受益者負担だ」

「8万円は適切だ」

「どうせ企業が払うだろ」

などなど、私のツイッターに「自己責任論」が殺到しました（念のため記しますが、コメントの八割は、私に賛同してくださいました）。

当たり前ですが、私以外からの批判も相次いだようで、政府はその後、料金徴収の方針を転換しました。とはいえ、当初の政府の方針に「自己責任論」を盾に賛同する国民がいたことに、大変、衝撃を受けたのは確かです。

現在の日本国は、国民国家の崩壊過程にあります。何しろ、民主制の基盤となっているはずのナショナリズムを失った国民が少なくない。

改めて考えてみると、財務省が主導する「緊縮財政路線」あるいは「財政均衡主義」は、国民や政治家に健全なナショナリズムがあれば、正当化できない発想です。ナショナリズムに基づく財政の考え方は、

「困っている国民がいるならば、政府が救う」

が基本となります。つまりは「国民全体」を念頭に置いた上で、財政について考える必要があるのです。

緊縮財政やPB黒字化、財政均衡論とは、国民全体、あるいは国家の「一部」にすぎない政府を抜き出し、収支を計算する発想です。そもそも、政府は国民の一般意志を実現するためのNPO（非営利団体）なのですが、それにもかかわらず「政府の収支のみ」しか見ないのが財政均衡論であり、緊縮財政なのです。

現在の日本が緊縮財政を継続すると、国民が貧困化する。この時点で、国民全体を考えるナショナリズムの発想があれば、許容することはできないはずです。ところが、現実には国民全体ではなく、政府の収支に右往左往する国民や政治家が圧倒的な多数派でしょう。結果的に、「皆さんを守るために、政府支出を拡大します」

と、選挙において候補者が訴えると、

「また、無駄なカネを使うのか！　放漫財政だ！」

との批判を浴び、むしろ落選の確率が高まるというのが現実の日本です。

無論、財務省主導の緊縮財政プロパガンダの影響も大きいのですが、それ以前に国民の多くがナショナリズムを失い、「国民全体」を考える視点を失ってしまったことも理由の一部でしょう。

ちなみに、日本が「財政破綻できない」ことを証明したMMT（現代貨幣理論）については、『知識ゼロからわかるMMT入門』で細かく書きましたので、本書では詳しく解説しませんが、

「誰かの黒字は、誰かの赤字。誰かの赤字は、誰かの黒字」

「政府が国債を発行し、支出すると、国民の貨幣（預金）が増える」

という二つのポイントだけは押さえておいてください。

誰かの黒字は、誰かの赤字。コインの表の反対側は、裏である。と言っているにすぎず、当たり前の話です。地球上で生きている限り、「誰かの黒字は、誰かの赤字」の原則から逃れることはできません。

ということは、日本政府が現在も掲げ続けているプライマリーバランス黒字化目標を達成した場合、反対側で必ず赤字になる人が出現することになります。赤字になる人は、誰でしょう。もちろん、皆さんです。日本国民です。

つまりは、プライマリーバランス黒字化目標とは、国民赤字化目標なのです。我々日本国民は、

「日本国民を赤字化します！（＝プライマリーバランスを黒字にします）」

と、叫ぶ政治家を支持していることになりますね。ここまでくると、もはや悲劇を通り越して喜劇でございます。

また、政府が国債を発行し、社会保障や公共事業などで支出すると、当たり前ですが「支払いを受けた国民」の貨幣（普通は預金）が増えます。逆に、政府が国債を実質的に償還（返済）するには、国民から税金として預金を取り上げ、返済に回す以外に方法がありません。実際、財務省は２０１４年の増税時、国民から奪い取った所得（消費税収）を、国債の減額に回した

日本は男系の皇統を維持することで、一般人の男性を皇統から排除し、しかも他国に皇子を婿に出すこともなく、余計な「継承戦争」も引き起こさず、皇族同士の争いこそありましたが（人間ですから）、二千年を超す期間、「同じ国体」を維持してきたのです。それにもかかわらず、いや、だからこそ、日本の皇統や歴史に対する攻撃が続いている。

そしてＧＨＱの検閲、公職追放、皇国史観の全否定。「日本は朝鮮半島から渡ってきた騎馬民族（崇神天皇）が建国した国」（江上波夫）「大和王朝の始まりは邪馬台国で、卑弥呼と天照大神は同一人物」（井沢元彦ら、多数）といった、間違った歴史観が広まり、皇統の価値が貶められ続けてきました。

反対側で、やはりＧＨＱにより11宮家が皇籍離脱を強いられ（ＧＨＱは皇族に重税を課したのです）、男系の皇統の後継者不足に悩む状況になりました。

その上で、女性宮家を設立し、「外部」から一般の男性を皇族に入れる、あるいは非・男系天皇を誕生させれば、我が国の国民国家としての礎は崩壊します。

そもそも、現在の我が国には悠仁親王殿下という、れっきとした男系皇統の後継者がいらっしゃるにもかかわらず、「今」の時点で女系だの女性宮家だの言い出す時点で、不遜極まりないのです。

また、男系の後継者問題を本気で解消したいならば、旧宮家の方々に皇族復帰を「お願い」しなければならない。それにもかかわらず、その種の議論は行われず、女性宮家や非・男系天皇といった、過激な政策が着々と進む。

現在の路線の行き着く先は、ナショナリズムの三本の柱の倒壊なのです。日本国民が「民主制」「国民主権」「皇統」「ナショナリズム」といった概念を知り、国民国家を破壊しようとする政権を排除しない限り、必ず柱は倒れます。

日本国民からナショナリズムが完全に消滅する。基盤たるナショナリズムが失われると、民主制も成立しなくなる。行き着く先は「万人の万人に対する闘争」か、あるいは中華人民共和国の「倭族自治区」か。

悪夢の未来を回避したいならば、日本国民は早急にナショナリズムを取り戻さなければなりません。そのためには、祖国の政治制度である「民主制」について理解を深めると同時に、自分たちに繋がる「歴史」を学び直さなければならない。というわけで、本書では民主制について「権利」という基本の基本から解説し、さらには日本国の歴史について縄文時代にまでさかのぼって取り上げたのでございます。

すでに、総理大臣に権力を集中させ、グローバリズムを容赦なく推進する体制は完成してしまっています。この状況を日本国民が覆すことができない場合、我が国の民主制は間違いなく維持不可能になります。ナショナリズムなきところに、健全な民主制は成立し得ないのです。

そして、2020年。世界は「第二次世界恐慌」に突入しつつあります。日本のGDPが「数割」減り、経済小国へと転落し、貧困化した国民が分断され、ルサンチマンをぶつけ合い、ナショナリズムが最終的に破壊されようとしている。

将来的に、とはいっても「遠い将来」というわけではなく「近い将来」、日本国の民主制が破壊された場合、もはや政党は不要になります。そして、現在の「国民の一般意志」を無視し、ナショナリズムを踏みにじる自民党の政治が続く限り、日本で「民主制」が終わり、政党も役目を終える時代が訪れることは確実なのです。

当然ながら、そのときは自由民主党という政党もまた、消滅することになります。

おわりに

２０２０年4月現在、日本国は97年以来の長引くデフレ不況、19年10月の消費税増税による経済の大幅な落ち込みという「負の遺産」を背負いつつ、中国武漢発祥の新型コロナウイルス感染症のパンデミックによる「第二次世界恐慌」に突入するという、未曽有の国難の中にあります。

疫病と恐慌という二つの災厄による「国民の死」という現実を前に、日本国民も次第に変わり始めています。個人では立ち向かえない状況を解決するためにこそ、国家がある。そして、日本国家には我々日本国民を助ける力がある。さらに、日本は国民国家である以上、国民が政治を動かし、同じ国民を救うために戦わなければならない。この当たり前のことに、多くの国民が気付き始めている。

本書では「権利」について詳しく解説しましたが、我々は同じ国民を助けるために、国民として動かなければならない。理由は簡単です。我々国民が「同じ国民の権利（生存の権利を含む）」を守らないということは、自分の権利も守られないということを意味するからです。自分の権利「だけ」が未来永劫守られるなどという、そんな上手い話はありません。

疫病と恐慌が猛威を振るう中、我々の「日本国」は生き残れるのか。繁栄の未来は訪れるのか。

全ては、日本国の主権者たる我々「国民」の動きにかかっている。この単純な真実を多くの国民が共有すれば、道は開けます。私も、国難を乗り越え、繁栄の未来を子々孫々に引き継ぐために、一日本国民として持てる力を全て振り絞るつもりです。

三橋貴明

戦後初めて、緊急事態宣言が発令された東京にて。

●参考文献

社会契約論／ジュネーヴ草稿（光文社古典新訳文庫）ジャン＝ジャック・ルソー：著、中山元：翻訳
亡国のメガロポリス　日本を滅ぼす東京一極集中と復活への道（彩図社）三橋貴明：著
表現者クライテリオン2019年11号「安倍晋三　この空虚な器」（啓文社書房）
平和主義は貧困への道（ワニの本）佐藤健志：著
リヴァイアサン（岩波文庫）トマス・ホッブズ：著、水田洋：翻訳
完訳ロビンソン・クルーソー（中公文庫）ダニエル・デフォー：著、増田義郎：翻訳
全航海の報告（岩波文庫）クリストファー・コロンブス：著、林屋永吉：翻訳
現代語訳　魏志倭人伝（新人物文庫）松尾光：著
新訂　魏志倭人伝・後漢書倭伝・宋書倭国伝・隋書倭国伝――中国正史日本伝（岩波文庫）石原道博：翻訳
日本書紀　全現代語訳（講談社学術文庫）宇治谷孟：翻訳
現代語訳　古事記（河出文庫）福永武彦：翻訳
完訳フロイス日本史〈4〉秀吉の天下統一と高山右近の追放――豊臣秀吉篇（中公文庫）ルイス・フロイス：著、松田毅一：翻訳、川崎桃太：翻訳
日本人はなぜ日本を愛せないのか（新潮選書）鈴木孝夫：著
海を渡った縄文人――縄文時代の交流と交易（小学館）橋口尚武：著
旧石器・縄文・弥生・古墳時代 列島創世記（小学館）松木武彦：著
百姓の江戸時代（ちくま新書）田中圭一：著
あなたは自由か（ちくま新書）西尾幹二：著
国富論（岩波文庫）アダム・スミス：著、水田洋：監訳、杉山忠平：翻訳
一九八四年（ハヤカワepi文庫）ジョージ・オーウェル：著、高橋和久：翻訳
［新訳］フランス革命の省察「保守主義の父」かく語りき（PHP研究所）エドマンド・バーク：著、佐藤健志：翻訳

完訳統治二論（岩波文庫）ジョン・ロック：著、加藤節：翻訳
神秘の島〈第1部〉（偕成社文庫）ジュール・ヴェルヌ：著、大友徳明：翻訳
経済と国民 フリードリヒ・リストに学ぶ（朝日新書）中野剛志：著
賃労働と資本（岩波文庫）カール・マルクス：著、長谷部文雄：翻訳
独ソ戦 絶滅戦争の惨禍（岩波新書）大木毅：著
エルサレムのアイヒマン——悪の陳腐さについての報告（みすず書房）ハンナ・アーレント：著、大久保和郎：翻訳
高橋是清——日本のケインズ その生涯と思想（東洋経済新報社）リチャード・J・スメサースト：著、鎮目雅人：翻訳、早川大介：翻訳、大貫摩里：翻訳
雇用、利子、お金の一般理論（講談社学術文庫）ジョン・メイナード・ケインズ：著、山形浩生：翻訳
文明の生態史観ほか（中公クラシックス）梅棹忠夫：著
封建制の文明史観 近代化をもたらした歴史の遺産（PHP新書）今谷明：著
蒙古襲来と神風——中世の対外戦争の真実（中公新書）服部英雄：著
物語ポーランドの歴史——東欧の「大国」の苦難と再生（中公新書）渡辺克義：著
真説レコンキスタ——〝イスラームVSキリスト教〟史観をこえて（書肆心水）芝修身：著
レコンキスタの歴史（文庫クセジュ）フィリップ・コンラ：著、有田忠郎：翻訳
アメリカにおけるデモクラシーについて（中公クラシックス）アレクシ・ド・トクヴィル：著、岩永健吉郎：翻訳
イギリスの失敗「合意なき離脱」のリスク（PHP新書）岡部伸：著
民主主義とは何なのか（文春新書）長谷川三千子：著
国家（岩波文庫）プラトン：著、藤沢令夫：翻訳
スコットランド王国史話（大修館書店）森護：著
消えたイングランド王国（集英社新書）桜井俊彰：著
ドイツ史（山川出版社）木村靖二：編集
ポーランド・ウクライナ・バルト史（山川出版社）伊東孝之：編集、中井和夫：編集、井内敏夫：編集

世界大恐慌――1929年に何がおこったか（講談社学術文庫）秋元英一：著
わが闘争――民族主義的世界観（角川文庫）アドルフ・ヒトラー：著、平野一郎：翻訳、将積茂：翻訳
興亡の世界史 モンゴル帝国と長いその後（講談社学術文庫）杉山正明：著
世界史の誕生――モンゴルの発展と伝統（ちくま文庫）岡田英弘：著
毛沢東の大飢饉：史上最も悲惨で破壊的な人災 1958-1962（草思社文庫）フランク・ディケーター：著、中川治子：翻訳
弥生時代の歴史（講談社現代新書）藤尾慎一郎：著
歴史（岩波文庫）ヘロドトス：著、松平千秋：翻訳
古代を考える 稲・金属・戦争（吉川弘文館）佐原真：編集
稲の日本史（角川ソフィア文庫）佐藤洋一郎：著
DNAが語る稲作文明――起源と展開（NHKブックス）佐藤洋一郎：著
DNAから見た日本人（ちくま新書）斎藤成也：著
日本の誕生 皇室と日本人のルーツ（ワック）長浜浩明：著
NHKスペシャル 日本人はるかな旅〈第5巻〉そして〝日本人〟が生まれた（日本放送出版協会）NHKスペシャル「日本人」プロジェクト：編集
殺戮の世界史 人類が犯した100の大罪（早川書房）マシュー・ホワイト：著、住友進：翻訳
疫病と世界史（中公文庫）ウィリアム・H・マクニール：著、佐々木昭夫：翻訳
銃・病原菌・鉄 一万三〇〇〇年にわたる人類史の謎（草思社文庫）ジャレド・ダイアモンド：著、倉骨彰：翻訳
大阪府史〈第1巻〉古代編（大阪府）大阪府：著
復元と構想――歴史から未来へ（東京書籍）大林組：著
大平総理の政策研究会報告書（自由民主党広報委員会出版局）政策研究会：著
知識ゼロからわかるMMT入門（経営科学出版）三橋貴明：著

[著者紹介]

三橋貴明
みつはし・たかあき

1969年熊本県生まれ。経世論研究所所長。東京都立大学経済学部卒業。2007年、インターネットの公開データの詳細な分析によって、当時好調だった韓国経済の脆弱さを指摘し、大反響を呼ぶ。これが『本当はヤバイ！　韓国経済』（彩図社）として書籍化され、ベストセラーとなる。その後も話題作を発表し続けると同時に、雑誌への寄稿、各種メディアへの出演、全国各地での講演会などで注目を集めている。

自民党《じみんとう》の消滅《しょうめつ》

2020年7月5日　初版第1刷発行

著者
三橋貴明《みつはしたかあき》

発行者
小川真輔

編集者
藤田悠介

発行所
株式会社ベストセラーズ
〒171-0021 東京都豊島区西池袋5-26-19
陸王西池袋ビル4階
電話
03-5926-6081（編集）
03-5926-5322（営業）
https://www.kk-bestsellers.com/
装幀
竹内雄二

本文図版
志岐デザイン事務所

DTP
三協美術

印刷所
近代美術

製本所
積信堂

ISBN 978-4-584-13968-4 C0031